H. DRUON
DOCTEUR ÈS LETTRES

FÉNELON

ARCHEVÊQUE DE CAMBRAI

TOME SECOND

PARIS

P. LETHIELLEUX. LIBRAIRE-ÉDITEUR

10, RUE CASSETTE, 10

CHAPITRE XI

La famille et les amis de Fénelon

La famille de Fénelon est de bonne noblesse, mais pauvre. —
Le marquis de Salignac-Fénelon. — Mme de Laval, et le chevalier (plus tard comte) de Fénelon. — Le marquis de Laval.
— Mme de Chevry. — Le marquis de Fénelon. — Les divers
petits-neveux.

Sentiments de Fénelon sur l'amitié. — Les ducs de Beauvilliers et de Chevreuse. — Lettre à M. de Chevreuse sur la
mort de son fils, le chevalier d'Albert. — Les visites annuelles
de Fénelon à Chaulnes.

On ne connaîtrait pas encore assez bien Fénelon, si l'on ne savait ce qu'il a été avec sa famille
et avec ses amis. Nous allons le montrer à cet égard
tel que nous le révèlent ses lettres.

Eloigné de bonne heure de son pays natal, il en
avait gardé toujours un fidèle souvenir. En apprenant que l'un de ses neveux va à Fénelon :
« J'en suis très content, lui écrit-il. J'aime que
vous goûtiez notre pauvre Ithaque, et que vous
vous accoutumiez aux pénates gothiques de nos
pères. » Il songe en même temps à sa vieille nourrice ; il le prie de s'informer si elle est encore
vivante, si on a eu soin de lui remettre de sa part
quelque argent (1).

(1) *Au marquis de Fénelon*, 2 août 1714. Œuv. VII, 481.

L'Ithaque de Fénelon était en effet assez pauvre; et surtout la branche cadette, à laquelle il appartenait, était dans une situation de fortune fort médiocre. Mais la famille était ancienne, très justement considérée. « Vous pouvez, mon cher frère, dire ce qui est vrai, que nous avons eu dans notre famille plusieurs gouverneurs de province, des chambellans du roi, des alliances avec les premières maisons de nos provinces, un chevalier de l'ordre du Saint-Esprit, des ambassades dans les principales cours, et presque tous les emplois de guerre que les gens de condition avaient autrefois (1). » Plus tard nous le voyons s'adresser à M. Clairembault, généalogiste des ordres du roi, pour des recherches généalogiques à faire sur sa famille : « Je vous serai très sensiblement obligé de vos soins, et vous pouvez compter que je les regarde comme une grâce dont je serai touché toute ma vie (2). »

Ces dernières lignes nous montrent l'importance que Fénelon attachait à ce travail. Nous verrons, en exposant ses idées politiques, quel prix la noblesse avait à ses yeux. Qu'il ait cherché tout ce qui pouvait prouver que celle de sa maison était vraie et ancienne, qu'il ait ainsi ressenti quelque aristocratique satisfaction, n'était-ce pas naturel, et pouvons-nous nous en étonner? Est-il jamais possible de s'affranchir entièrement des idées et des sentiments dans lesquels on a été élevé? D'ail-

(1) *Au chevalier* (depuis comte) *de Fénelon*, 6 juillet 1694. Œuv. VII, 405.

(2) *Lettres à M. Clairembault*, 4 et 12 mai, et 10 juillet 1710, 15 novembre 1711. Œuv. VII, 672, 674, 675. VIII, 33.

leurs, remarquons-le, pour Fénelon si la naissance confère des priviléges, elle impose aussi plus de devoirs; elle se justifie par les services rendus. Ajoutons que pour ses frères et ses neveux, auxquels il était fort attaché, il était d'un intérêt considérable d'avoir une noblesse bien établie.

La famille de Fénelon était fort nombreuse. Nous ne parlerons que de quelques-uns seulement de ses membres, ceux dont les noms reparaissent le plus souvent dans la correspondance. Nous ne compterons point parmi eux le marquis de Salignac-Fénelon, son frère aîné, et à ce titre le chef de la famille. Dans les idées du temps cela mettait une grande différence entre le marquis et ses puinés. Mais l'archevêché de Cambrai fit tout à coup de Fénelon un grand personnage. L'unique lettre que nous ayons de M. de Salignac date de ce moment. Le ton indique assez le changement qui s'est fait dans leurs situations respectives. Il n'est question que d'affaires, mais le marquis est plein de déférence : « Vos ordres, s'il vous plaît, sur cela. Mme de Salignac vous fait mille compliments ; et moi, en mon particulier, je vous honore en grand prélat et je vous aime en frère (1) ». Nous ne savons quand mourut le marquis de Salignac ; mais dans toute la suite de la correspondance il n'est plus fait de lui aucune mention.

Mme de Laval, cousine germaine de Fénelon, était une des personnes de sa parenté avec laquelle il eut pendant longtemps les relations les plus suivies. Leur amitié était si bien connue que, lorsque

(1) *Lettre* du 27 novembre 1695. Œuv. VII, 413.

Fénelon fut nommé précepteur des Enfants de France, c'est à Mme de Laval que Bossuet se hâta d'envoyer son compliment. Dévouée à Fénelon, elle lui rendait toute sorte de services, mettant à sa disposition son linge, sa vaisselle ; entrant avec lui dans le détail de ses affaires pour l'aider à les régler. Lorsqu'il devient archevêque, il se dirige d'après ses avis pour l'organisation de sa maison et le choix de ses domestiques.

A cette époque Mme de Laval n'était plus seulement sa cousine, mais sa belle-sœur. Après quelques années de veuvage elle avait épousé, en secondes noces, vers la fin de 1693, le chevalier, depuis comte de Fénelon. Ce mariage fut d'abord tenu secret, pour quelle cause, nous l'ignorons. Le chevalier, fort dissipé dans sa vie de militaire, avait assez longtemps donné peu de satisfaction à son frère. Il était sans doute déjà question entre la marquise et lui de leur futur mariage, et Fénelon devait être au courant de leurs projets : c'est du moins ce qu'on peut présumer de ce qu'il écrit à Mme de Laval, à un moment où le chevalier paraissait vouloir s'amender : « Je lui ai témoigné, par ma dernière lettre, plus de cordialité et d'attachement que je ne l'ai jamais fait. Je suis persuadé qu'il m'aime. Je ne l'ai jamais haï. Il y a eu des temps où je n'ai pas estimé sa conduite, et je crois que je n'avais pas de tort. Elle est, Dieu merci, bien changée, et mon cœur aussi pour lui. Encore une fois, je l'aime, je crois qu'il m'aime, et je suis ravi, ma chère cousine, que sa confiance et son attachement principal se tourne vers vous. J'ai une sensible joie de ce qu'il pense à son salut. Je lui écris deux mots là-dessus, mais sans vouloir le prêcher (1). »

Sans lui faire en effet de sermons, Fénelon cependant ne négligeait rien pour ramener plus complètement à Dieu le chevalier. Dans les lettres qu'il lui adressait il glissait toujours quelques lignes comme celles-ci : « Votre personne m'est assez chère pour vous souhaiter les sentiments de crainte de Dieu et de confiance en lui qui mettent le cœur en repos, et qui sont la plus sûre ressource dans les peines de la vie et dans les périls. Il n'y a rien que je ne donnasse et que je ne souffrisse pour vous voir un chrétien solide sans grimaces ni façons. — Songez à quelque chose de plus solide et de plus important que la fortune de ce monde. Si vous servez Dieu fidèlement, il aura soin de vous et ne vous manquera jamais (2). » Le chevalier, devenu comte de Fénelon, éprouva en effet le peu de solidité des mondaines espérances : nous avons vu qu'il partagea la disgrâce de l'archevêque, et fut cassé de son emploi d'exempt des gardes du corps. Peut-être d'ailleurs d'anciennes préventions, que le roi avait conçues contre lui pour des raisons de service, subsistaient toujours (3).

La marquise de Laval avait, de son premier mariage, un fils. Fénelon s'était attaché à cet enfant, le *cher petit homme*, comme il l'appelle. Il était de

(1) *Lettre à M*^{me} *de Laval*, 29 juillet 1693. Œuv. VII, 401.

(2) *Lettres* du 25 juillet 1694 et du 14 août 1695. Œuv. VII, 407, 411.

(3) Voir à ce sujet la *lettre de Fénelon à la marquise de Laval*, 29 juillet 1695. Œuv. VII, 410, suivie d'un Mémoire au maréchal de Noailles.

moitié dans son éducation par les conseils qu'il donnait à la mère. Il garda même à Cambrai, pendant plusieurs mois, le jeune marquis, âgé alors de quatorze ans. « Il ne m'incommode en rien céans, et je suis au contraire très aise de l'avoir, car je l'aime fort. Il est très poli, très complaisant, très caressant, et très empressé pour moi. Plût à Dieu qu'il fît aussi bien pour lui-même qu'il fait pour moi dans notre société. Comptez que ses études n'ont été presque rien jusqu'ici... Il a l'esprit vif et ouvert, avec de la facilité pour comprendre toutes les choses extérieures, et beaucoup de curiosité pour les choses qui se passent autour de lui ; mais il a l'esprit fort léger. Il ne fait guère de réflexions sérieuses ; il n'a ni goût de curiosité pour aucune étude, ni application, ni suite de raisonnement. Toutes ses inclinations se tournent aux exercices du corps, et aux amusements de son âge (1) ». Il donne ensuite à la marquise des conseils sur la conduite qu'elle doit tenir à l'égard de son fils.

Plusieurs années se passent. Le jeune marquis était arrivé à un âge où presque tous les fils de la noblesse française faisaient partie de l'armée. Il y avait là, aux yeux de Fénelon, un devoir tout à la fois patriotique et social : l'aristocratie justifiait les privilèges dont elle jouissait, en se montrant empressée à offrir son sang au pays. Fénelon estimait que M. de Laval restait trop longtemps soustrait au service militaire ; il en avait exprimé ses regrets à sa belle-sœur, et l'engageait à laisser son fils aller à l'armée. La crainte des périls auxquels

______

(1) *Lettre à la marquise de Laval*, 15 août 1700. Œuv. VII, 415. Voir encore la *Lettre* du 10 septembre 1701. Œuv. VII, 417.

il serait exposé parlait-elle trop fort au cœur ma-
ternel? Etait-ce quelque autre raison? Toujours
est-il que Mme de Laval accueillit assez mal les conseils de Fénelon, à en juger par cette lettre qu'il
lui écrivit, et qui est à citer d'un bout à l'autre.
Nulle part on ne voit mieux quelle idée se faisait
Fénelon des obligations qu'imposait la naissance,
et combien était puissant chez lui le sentiment de
l'honneur, tel qu'on le comprenait à cette époque.

« En arrivant ici de Bruxelles, j'ai reçu votre
lettre du 27 janvier; j'avoue, ma chère sœur,
qu'elle m'a bien surpris et affligé. J'espérais que
vous me sauriez quelque gré de vous avoir représenté cordialement mes pensées dans une lettre
qui n'était que pour vous, et sans me mêler de
décider sur la conduite de M. votre fils. Il me semblait qu'il y a une grande différence entre décider
et proposer avec zèle ce qu'on croit voir : ainsi
j'étais bien éloigné de croire que ma lettre pût
m'attirer celle que vous m'avez écrite. Mais je sup-
pose que j'ai tort, puisque vous le jugez ainsi : du
moins ma faute sera courte, car je m'abstiendrai,
puisque vous le souhaitez, de vous proposer mes
pensées. D'ailleurs je recevrai toujours d'un cœur
ouvert tout ce qu'il vous plaira de me mander de
vos raisons. Personne ne sera plus content que
moi de reconnaître qu'elles sont bonnes, comme
personne ne serait plus affligé que moi, si elles
n'étaient pas décisives. Mais supposez qu'elles
soient aussi fortes que vous le croyez, je trouve
M. votre fils bien à plaindre; car, en ce cas, il se
trouve entre une mère qui a de bonnes raisons
pour vouloir l'empêcher de servir, et le public,

dans lequel il sera déshonoré sans ressource, malgré ces raisons inconnues, s'il ne sert pas. Il est déjà dans sa vingtième année; les autres gens de condition se gardent bien d'attendre un âge si avancé pour servir; ils servent dès l'âge de quatorze ou quinze ans. On ne trouvera en France aucun exemple d'un homme d'un nom connu, qui n'ait pas déjà fait quelque campagne dans sa vingtième année. Le public ne comprendra jamais les raisons d'une telle singularité, qui est contraire aux préjugés de toute la nation. J'en conclus que la situation de M. votre fils est bien violente. Il est réduit à l'une de ces deux extrémités, ou de désobéir à sa mère, qui a de bonnes raisons pour lui défendre de servir, ou de se laisser déshonorer dans le monde, parce que ces bonnes raisons n'y seront jamais comprises. Pour moi je n'ai point d'autre parti à prendre que celui de me taire, d'être véritablement affligé, et de prier Dieu qu'il donne son esprit de sagesse à la mère et au fils. Ce qui est certain, c'est que je ne paraîtrai jamais désapprouver en rien votre conduite, et que j'aimerais mieux ne parler de ma vie que de laisser échapper une parole contre vous. C'est du fond de mon cœur, ma chère sœur, que je vous suis toujours dévoué (1) ».

Disons tout de suite que M. de Laval entra au service. Fait colonel en 1707, blessé en 1713, au siège de Fribourg, d'une balle qui lui traversa les deux joues, il ne renonça à la carrière militaire qu'au mois d'octobre 1729.

______

(1) *Lettre* du 12 février 1706. Œuv. VII, 427.

La franchise de Fénelon amena-t-elle le refroidissement d'une amitié qui avait été si vive
pendant plus de vingt ans? On serait tenté de le
croire, en ne trouvant plus dans la correspondance aucune lettre adressée à Mme de Laval. Mais
la correspondance, si volumineuse qu'elle soit,
est bien loin d'être complète. Et d'ailleurs, nous
avons la preuve que les rapports entre Fénelon et
sa belle sœur, à supposer qu'ils aient été moins
fréquents, ne cessèrent pas cependant. « Si M. de
Laval est encore à Paris, je vous prie de lui
dire que j'ai écrit.à Madame sa mère, selon ses
intentions, pour différer notre rendez-vous jusqu'au printemps. Ce retardement sera bon pour
elle et pour moi; l'hiver et le voyage enrhument
les vieilles bonnes gens comme nous (1) ». Où se
rencontreront-ils ? Nous l'ignorons; mais nous
voyons que, pour se retrouver, ils ne reculaient
point devant la fatigue d'un voyage.

La dernière lettre de Fénelon, où il soit question de sa belle-sœur, est relative à des arrangements de famille. Si le marquis de Laval venait à
mourir sans enfants, sa mère voudrait-elle « que
son bien passât, quand elle manquera, à des mains
étrangères ? Ne pourrait-elle, pour ce cas, donner
son bien à mon neveu, chef de notre nom ? » —
Ce neveu était le marquis de Fénelon, dont nous
aurons à parler tout à l'heure. — « Il a un vrai
mérite, un bon cœur, du talent; il peut faire honneur à la famille. Je suis sûr qu'elle a les sentiments trop raisonnables et trop nobles pour n'aimer

____

(1) *Lettre au marquis de Fénelon*, 16 janvier 1713. Œuv. VII, 450.

pas son nom. Représentez-lui tout ceci en grand secret et avec une pleine confiance (1) ». C'est l'abbé de Beaumont que Fénelon chargea de cette sorte de négociation. « Parlez-lui, s'il vous plaît, pour moi à cœur ouvert. » Pour aborder un sujet d'une nature aussi délicate, il fallait que Fénelon continuât de compter sur la confiance et l'amitié de sa belle-sœur. Disons tout de suite que le marquis de Laval se maria et eut un fils.

Une sœur consanguine de Fénelon, Marie de Salignac, avait épousé M. de Beaumont, seigneur du Gibout. De ce mariage étaient nés deux enfants, qui furent l'abbé de Beaumont et Mme de Chevry. Nous avons déjà parlé de l'abbé, le grand Panta, et nous avons vu combien Fénelon lui était attaché. Il ne semble pas avoir éprouvé une moindre affection pour sa nièce. Mme de Chevry n'était point heureuse avec son mari ; nous ne savons pas le détail des torts qu'il avait envers elle ; mais il fallait qu'ils fussent bien graves, pour que Fénelon en vînt à écrire : « Faites dire au mari que je suis inconsolable, pour ne pas dire implacable sur son procédé (2) ». Une séparation entre les deux époux fut jugée nécessaire. Aux peines morales s'ajoutèrent, pour Mme de Chevry, les souffrances physiques. Elle fut atteinte d'une maladie longue et fort douloureuse (des pierres dans les reins), qui à diverses reprises obligea son frère à aller à Paris passer auprès d'elle plusieurs mois. Toutes les lettres de Fénelon, pendant quatre années, respirent le plus tendre intérêt pour la pauvre malade. Si

____

(1) *Lettre* du 6 mai 1714. (Œuv. VII, 474.

(2) *Lettre à M. de Beaumont*, 30 octobre 1710. (Œuv. VII, 434.

au moins il pouvait la faire venir à Cambrai !
Mais elle y serait privée des soins de Chirac et de
Maréchal, médecin et chirurgien si habiles ; et il
se résigna aux longues absences de M. de Beaumont, dont la présence lui était cependant bien
nécessaire.

Mme de Chevry avait à subir une opération ;
elle s'en effrayait. « Au nom de Dieu, lui écrit
Fénelon, livrez-vous aux personnes les plus expé-
rimentées. Dites leur de décider hardiment, pour
tâcher de vous guérir, quoi qu'il vous en coûte.
Ensuite abandonnez vous à Dieu, et faites tout ce
qu'ils voudront. Dieu, qui vous donne tant de courage et de patience, vous soutiendra. Lui seul sait
avec quel attachement je vous suis dévoué à
jamais (1) ». Fénelon ne put savoir si sa nièce gué-
rirait ; car, quinze jours après avoir écrit cette
lettre, il cessait de vivre.

Quelle que fût son affection pour les autres
membres de sa famille, aucun ne semble lui en
avoir inspiré une aussi tendre que son petit-neveu
Gabriel-Jacques, connu sous le nom du marquis
de Fénelon. Gabriel-Jacques était le second de
quatorze enfants, et considéré, son frère aîné se
destinant à l'Église, comme le futur chef de la
famille. C'est à ce titre sans doute que d'abord
Fénelon s'occupa plus particulièrement de lui, et de
bonne heure. — Ce petit-neveu n'avait encore que
quatre à cinq ans, quand Fénelon, alors précepteur
des princes, écrivait : « Je ne puis ni ne veux faire
autre chose pour ma famille que de prendre soin

____

(1) *Lettre* du 22 décembre 1711. Œuv. VII, 488.

de l'éducation de l'enfant qui en doit être l'espérance (1) ».

Le *tonton* (2), comme s'appelle lui-même Fénelon, avait lieu d'être satisfait. Gabriel répondait parfaitement aux soins qui lui étaient donnés. Dans toutes les lettres de Fénelon, où, pour le dire en passant, nous voyons le *tu* et le *vous* s'entremêler, éclate la plus vive tendresse pour son *cher Fanfan* : c'est de ces expressions caressantes qu'il usera jusqu'au dernier jour en lui écrivant. « Ton père selon la chair n'est pas autant ton père que moi (3)». Si ce titre en effet doit appartenir surtout à celui qui forme l'esprit et le cœur, nul ne le méritait mieux que Fénelon. Il était en même temps le directeur de conscience, presque le confesseur de ce fils adoptif. « Quand tu m'écris, mets sur une feuille tout ce qui peut-être vu, et dans un autre feuillet séparé, ce que tu voudras confier à tonton des fautes de Fanfan ou de l'état de son intérieur (4). » Ce colonel de vingt-quatre ans qui s'ouvre ainsi avec simplicité au vieil évêque, son oncle, sur l'état de son âme, n'est-ce pas touchant ? Fénelon avait pleinement réussi à inculquer à Gabriel des sentiments profondément religieux, et le dévouement à tous ses devoirs : le devoir militaire était même poussé parfois au-delà de la juste limite ; c'est du moins l'avis de Fénelon, qui gronde un peu son neveu de trop s'exposer, et lui donne des conseils

(1) *Lettre à Mme de Laval*, 14 septembre 1693. Œuv. VII, 402.

(2) Expression familière pour *oncle*.

(3) *Lettre* du 6 août 1713. Œuv. VII, 469.

(4) *Lettre* du 21 août 1712. Œuv. VII, 442.

de prudence et de sagesse. « Quand je vous sais
à l'armée, dans l'attente d'une grande action, ou
de quelque attaque d'un siège où vous devez vous
trouver à la tête de votre régiment, je vous laisse
faire. Vous voyez bien par là que je ne veux point
vous gâter, ni vous aimer sottement en nourrice.
Mais je n'approuverais nullement que vous
fussiez chez M. de Puységur, loin de votre régiment,
pour aller partout hors de votre place faire le volon-
taire et l'aventurier, et pour chercher mal à propos
des coups de fusil. — Ce que je te demande instamment, est de n'être pas plus souvent à la tranchée
que les autres colonels, qui sont dans leurs postes,
avec leurs régiments, et qui satisfont suffisamment
au vrai devoir. — Voilà ce que Tonton décide de
pleine autorité. Il arrive souvent qu'on a malgré
soi, en cette vie, des vanités et d'autres choses
imparfaites, qui échappent comme par saillies ;
mais la fidélité consiste à revenir toujours à une
conduite simple, où l'on réprime ce qui est de trop.
Sois donc petit, simple et docile, je t'en conjure (1) ».

Fénelon ne louera jamais son neveu, sans ajouter
à l'éloge une réflexion toute religieuse. « Je suis
ravi d'apprendre que vous avez fait votre devoir ;
je vous en sais bon gré, mais j'en loue Dieu infiniment plus que vous, et je souhaite que vous lui
en renvoyiez toute la louange : tout ce que vous
en garderiez serait un larcin (2) ».

Comme il est naturel, toute cette correspondance

---

(1) *Lettres* des 12, 18 et 21 août 1712. Œuv. VII, 439, 442.

(2) *Lettre* du 20 août 1707. Œuv. VII, 430.

abonde en conseils propres surtout à faire un vrai et solide chrétien. Mais Fénelon a trop le sens pratique de la vie pour négliger entièrement ce qui peut contribuer à l'avancement et aux succès du jeune officier dans sa profession. Il entre avec lui dans le détail de ce qu'il convient de faire pour se ménager des amis et des appuis. Il lui trace la conduite qu'il doit tenir dans le monde. Ce qu'il lui lui recommande, ce n'est pas l'intrigue ni rien qui y ressemble ; mais « sans empressement ni indiscrétion, et sans rechercher trop les personnes considérables, on peut les cultiver, et profiter de toutes les occasions naturelles de leur plaire... Il faut mépriser le monde, et connaître cependant le besoin de le ménager ; il faut s'en détacher par religion, mais il ne faut pas l'abandonner par nonchalance ou par quelque humeur particulière. — Si vous y renoncez (au monde) pour toujours, vous passerez votre vie dans l'obscurité, sans amis de distinction, sans crédit, sans appui, sans ressource pour faire valoir vos services, et sans aucun moyen de soutenir votre famille (1) ». La famille, c'est bien encore à elle tout entière que songe Fénelon, même quand il semble ne s'occuper que de Gabriel : « Il convient que tu t'accoutumes à Versailles, et qu'on s'y accoutume à toi. Je suis vieux et éloigné. La famille ne peut plus avoir ni soutien ni espérance que par ton avancement dans le monde (2)».

Les lettres de l'oncle au neveu offrent surtout

(1) *Lettres* du 23 août 1710 et du 7 janvier 1713. Œuv. VII, 432, 446.

(2) *Lettre* du 11 janvier 1713. Œuv. VII, 448.

cet intérêt qu'elles font mieux connaître cette
nature complexe de Fénelon, où s'unissent les
dissemblables, comme dans sa figure, suivant la
remarque de Saint-Simon, « Il faut d'un côté bien
servir, et de l'autre faire usage du service pour se
procurer quelque considération et un établissement (1) ». Ainsi tout d'abord faire son devoir,
c'est le chrétien qui parle ; mais l'homme du
monde ajoute : Puis, une fois ce devoir accompli,
en tirer profit. — Mais voici, comme conclusion, ce
qui n'est plus que d'un évêque : « A Dieu ne plaise
que je veuille te rendre ambitieux ! Je voudrais te
voir mériter les plus grands honneurs sans les
avoir, et te contenter d'un état médiocre, selon la
médiocrité de notre condition ».

Au siège de Landrecies, Gabriel de Fénelon fut
grièvement blessé à la jambe. On peut juger des
inquiétudes de l'oncle, d'autant plus vives qu'à
plusieurs reprises, et quand les chirurgiens annon-
çaient déjà la guérison, des accidents fâcheux se
produisirent qui remettaient tout en question.
« Depuis le temps qu'on me mande que vous êtes
toujours de mieux en mieux, vous devriez courir
comme un Basque (2) ». Pour le rétablissement
de ce neveu Fénelon ne recule devant aucune
dépense, envoi aux eaux de Bourbon, soins des
chirurgiens les plus distingués. « L'argent ne te
manquera pas, tu n'as qu'à dire », ne cesse-t-il de
lui répéter. Et quelle joie il aura de le revoir ! « Je
me porte mieux que je n'aurais cru, et je me

(1) *Lettre* du 11 janvier 1713. Œuv. VII, 448.
(2) *Lettre* du 9 mai 1713. Œuv. VII, 463.

porterai encore mieux quand tu seras guéri ; et que je te reverrai dans la petite chambre grise auprès de moi (1) ».

Dom boiteux, comme l'appelait Fénelon, resta tel toute sa vie. Mais après plusieurs années de souffrance, il fut assez bien remis pour pouvoir suivre sa profession, où il se distingua. Connu sous le nom de marquis de Fénelon, il devint chevalier des Ordres, lieutenant général des armées du roi ; fut ambassadeur en Hollande, et mourut glorieusement à la bataille de Raucoux, le 11 octobre 1746. Mais ce ne fut pas seulement par ses services militaires et diplomatiques qu'il justifia les soins dont il avait été l'objet : il garda un culte de pieuse reconnaissance pour la mémoire de l'illustre prélat, dont il publia divers écrits.

Il est aussi question, dans les lettres, de quelques uns des frères du marquis : l'un fut écolâtre de Cambrai ; un autre, l'abbé de Salignac, fit ses études chez les Jésuites de Paris ; un troisième, Alexis, élevé à l'archevéché, donnait à son oncle beaucoup de satisfaction. Libos, Scaliger, le chevalier, le petit abbé, le petit page, et autres qualifications que nous trouvons dans la correspondance, désignent des petits-neveux, qui séjournèrent plus ou moins de temps auprès de Fénelon. Mais nous ne pouvons en rien dire de plus, faute d'indications suffisantes.

L'amitié ne tenait pas moins de place dans le cœur de Fénelon que les affections de famille. Les passages de ses lettres sont nombreux, où l'on voit

____

(1) *Lettre* du 3 juillet 1713, Œuv. VII, 468.

combien ses amis lui sont chers ; ils lui sont toujours présents par la pensée : « Il me semble que
nous sommes bien près lors même que Dieu nous
tient éloignés (1). — Les vrais amis sont notre plus
grande douleur, et par leur perte notre plus grande
amertume dans la vie. On serait tenté de désirer
que tous les bons amis s'entendissent pour mourir
ensemble, le même jour ; ou pour mieux faire, à
l'exemple de Philémon et Baucis, l'un devrait devenir chêne au moment où il verrait l'autre auprès
de lui devenir tilleul. »

Mais l'amitié prend avec lui un caractère religieux. Deux amis s'aiment en Dieu : « Dieu réunit
tout et anéantit toutes les plus grandes distances à
l'égard des cœurs réunis en lui (2). Je suis assez
souvent avec vous devant Dieu ; c'est notre rendez-vous ; il rapproche tout : deux cents lieues ne
sont rien entre deux hommes qui demeurent dans
leur centre commun (3). »

Ces liens formés ici-bas entre deux cœurs, la
mort vient souvent les rompre. « L'amitié coûte
cher, dit-il, car elle cause de grandes douleurs (4). »
En effet la fin de ceux de ses amis qu'il aimait le
mieux avança sans doute aussi la sienne, et il le
pressentait : « Je ne vis plus que d'amitié, et c'est
l'amitié qui me fera mourir (5). » Mais si vives que
fussent ces tristesses, il n'aurait pas voulu ne point

---

(1) *Lettre au chevalier Destouches*, 1ᵉʳ novembre 1713. Œuv.
VIII, 195.

(2) *Lettres spirituelles. CXXXII.* Œuv. VIII, 545.

(3) *Lettre au marquis de Fénelon*, 30 juillet 1714. Œuv. VII, 481.

(4) *Lettre à l'abbé Pucelle*, 24 mars 1712. Œuv. VIII, 56.

(5) *Lettre à l'abbé de Beaumont*, 22 mai 1714. Œuv. VII, 476.

les ressentir. « Il en coûte beaucoup, dit-il, d'être sensible à l'amitié : mais ceux qui ont cette sensibilité seraient honteux de ne l'avoir pas, et ils aiment mieux souffrir que d'être insensibles (1). »

Nous avons vu dans quelle intimité de tous les jours il vivait avec les abbés de Chantérac et de Langeron. Parmi les autres amis dont nous avons à parler, il faut placer en toute première ligne les ducs de Chevreuse et de Beauvilliers.

Ils étaient tous deux gendres de Colbert. Mais ce qui les unissait plus encore que cette alliance, c'était l'accord de leurs sentiments. « Ils se trouvèrent si parfaitement faits l'un pour l'autre, que ce ne fut qu'un cœur, qu'une âme, qu'une même pensée, un même sentiment toute leur vie, une amitié, une considération, une complaisance, une déférence, une confiance réciproque. Elle était pareille entre les deux sœurs, et le devint bientôt entre les deux beaux-frères. Ils se voyaient sans cesse, rarement une seule fois par jour tant qu'ils vécurent. Il était rare aussi d'être ami de l'un à un certain point sans l'être aussi de l'autre et de leurs épouses (2). »

Neveu du marquis Antoine de Fénelon, élève chéri de M. Tronson, deux hommes pour qui M. de Beauvilliers avait une estime toute particulière, Fénelon, à ce double titre, avait été reçu de bonne heure chez ce duc. Mais dès qu'il put y être personnellement connu et apprécié, ce ne fut plus qu'à lui-même et à ses rares qualités qu'il dut l'accueil empressé dont il devint l'objet. Mme de Beauvilliers

____

(1) *Lettre au chevalier Destouches*, 1er novembre 1713. Œuv. VIII, 195.

(2) Saint-Simon, *Mémoires*, XI, 190.

avait huit filles ; elle demanda à Fénelon (et c'était une grande marque de confiance donnée au jeune abbé) des conseils pour les élever : c'est à cette occasion qu'il écrivit son traité de *l'Education des Filles,*

M. de Chevreuse ne s'était pas attaché à Fénelon moins que M. de Beauvilliers (1). Si l'on pouvait même à cet égard établir une différence entre les deux beaux-frères, ce fut M. de Chevreuse qui se montra jusqu'au bout le plus fidèle aux idées de Fénelon.

« Tout ce que je dirais, lui écrivait-il, serait trop au-dessous de l'union intime que Dieu a mise entre nous. Comme elle est de lui, qu'elle soit à toujours uniquement pour lui (2). » Et Saint-Simon nous dit, à propos du Quiétisme, qu'« il se livra, avec un abandon qui dura autant que sa vie, aux fleurs de M. de Cambrai (3). »

Dans l'éducation du duc de Bourgogne, à laquelle M. de Beauvilliers avait fait appeler Fénelon, leurs vues, leurs pensées furent toujours les mêmes ; le gouverneur et le précepteur ne firent qu'un, pour ainsi dire.

Une fois lié avec MM. de Beauvilliers et de Chevreuse, Fénelon était devenu bientôt pour eux un conseiller spirituel. « Je vous demande de ne

---

(1) Une lettre de Fénelon au duc de Chevreuse, du 28 mai 1687, Œuv. VII, 199, montre que dès cette époque il était déjà entré dans la confiance du duc et de la duchesse, assez avant pour leur parler de leurs affaires de conscience.

(2) *Lettre* du 16 novembre 1706. Œuv. VII, 255.

(3) *Mémoires*, X, 270.

m'épargner point sur mes défauts (1) », lisons-nous dans une de ses lettres à un ami. Le service qu'il réclamait pour lui-même, il se serait reproché de ne pas le rendre à ceux qu'il aimait, et il eut surtout à le rendre à M. de Chevreuse. Ce n'est pas que celui-ci eût même l'ombre d'un vice ; mais il avait l'esprit tourné à l'excès du raisonnement. En tout il n'agissait que par déductions rigoureusement tirées d'un principe dont il n'avait pas toujours aperçu le faux ; de sorte qu'avec beaucoup de lumières sa logique ne lui servait qu'à l'enfoncer plus avant dans une erreur. Avec lui « on était perdu, raconte Saint-Simon, si on ne l'arrêtait dès le commencement, parce qu'aussitôt qu'on lui avait passé deux ou trois propositions, qui paraissaient simples, et qu'il faisait résulter l'une de l'autre, il menait un homme battant jusqu'au bout (2). » En outre il croyait ne pouvoir jamais trop étudier, et il y passait un temps qui aurait pu souvent recevoir un meilleur emploi. Fénelon le reprend sur ces deux penchants : « Raisonnez peu, et faites beaucoup : au lieu que vous seriez tenté de raisonner beaucoup, et qu'en raisonnant beaucoup vous feriez peu. — Ce goût de sûreté géométrique est enraciné en vous par toutes les inclinations de votre esprit, par toutes les longues et agréables études de votre vie, par une habitude

(1) *Lettres spirituelles* CXXX. Œuv. VIII, 544.

(2) *Mémoires*, X, 270. — Rappelons, car la chose est assez curieuse, que c'est pour M. de Chevreuse que les maîtres de Port-Royal composèrent leur *Logique*. Est-ce l'étude de ce livre qui lui avait donné ces habitudes d'esprit que signale Saint-Simon, et que Fénelon combat ?

changée en nature, habitude qui se fait pardonner
par ses bons prétextes, et d'autant plus dangereuse
qu'elle le parait moins. — C'est un approfondisse-
ment, un arrangement, une suite d'opérations, soit
pour remonter aux principes, soit pour en tirer
les conséquences... — Le raisonnement devient
ainsi une grande dissipation (1). » Vouloir ainsi
examiner par le menu si l'on a raison d'agir comme
on agit, c'est ce que Fénelon appelle *anatomiser*
son cœur. Voici maintenant contre le goût excessif pour l'étude. « Il faut étudier comme on va au
marché, pour la provision nécessaire de chaque
jour... — L'esprit n'a pas moins besoin de jeûner
que le corps : il a aussi son intempérance (2).» Faire
jeûner l'esprit, c'est une expression que nous re-
trouvons souvent dans ses lettres. M. de Chevreuse
se corrigea-t-il ? Moins sans doute que ne l'aurait
voulu Fénelon ; car jusqu'à la fin nous voyons se
reproduire les mêmes recommandations.

La rélégation de Fénelon à Cambrai jeta dans
une profonde douleur les deux ducs et leurs familles. L'éloignement ne diminua rien de leur affection pour le prélat. La séparation de M. de Beauvilliers d'avec Fénelon fut définitive : ils ne
devaient plus jamais se revoir. M. de Chevreuse fut
plus heureux ; nous verrons tout à l'heure comment il put plusieurs fois se retrouver avec son
ami. Attaché à la cour par ses fonctions officielles,
M. de Beauvilliers dut même user de précautions

_____

(1) *Lettres à M. de Chevreuse*, *XIX, XXIV, XXV, XXIX.* Œuv·
VII, 218, 223, 224, 228.

(2) *Au même*, *XX, XXIII*, Œuv. VII, 219, 223.

toutes particulières pour correspondre avec Fénelon : c'était surtout à M. de Chevreuse que celui-ci
écrivait ; mais en fait les lettres étaient destinées
aux deux beaux-frères, qui n'avaient aucun secret
l'un pour l'autre.

De loin Fénelon continuait de les diriger. Cette
expression, diriger, peut sembler exagérée. Elle
n'est que strictement vraie. M. de Beauvilliers,
malgré sa valeur propre et ses hautes charges,
M. de Chevreuse et tout leur entourage subissaient
l'ascendant de Fénelon, devenu « le maitre de leur
cœur et de leur esprit (1). » Rien ne se fit qu'à son
inspiration et suivant son avis. Saint-Simon, trop
disposé, comme on le sait, à juger sévèrement
Fénelon, se montre ici malveillant : Accoutumé,
dit-il, comme il était à règner à la divine sur les
deux ducs, sur tout ce petit troupeau, il ne voulait
point de résistance : il voulait être cru du premier
mot ; l'autorité qu'il usurpait était sans raisonnement de la part de ses auditeurs, et sa domination
sans la plus légère contradiction : être l'oracle lui
était tourné en habitude (2). » Il faut rabattre beaucoup de ce que dit Saint-Simon ; mais ce qu'il
serait cependant difficile de ne pas admettre, c'est
que sous sa grande douceur, et tout en se faisant
« un bouclier de modestie (3) », Fénelon cachait
une volonté bien décidée, et qu'il avait l'adresse
d'imposer sa domination, presque à l'insu même
de ceux à qui elle s'imposait. Qu'il s'entretienne

(1) Saint-Simon. *Mémoires*, I, 286.
(2) *Mémoires*, XI, 199-200.
(3) L'expression est de Saint-Simon.

avec ses amis de la chose publique, ou de la direction à donner au duc de Bourgogne, on sent que toujours ses avis prévaudront.

Tel est son pouvoir sur les familles des deux ducs, que, même pour leurs affaires particulières, il est le conseiller toujours consulté. M. de Chevreuse est dans de sérieux embarras de fortune : Fénelon n'attend pas les confidences, il les provoque. « Je ne vous répondis qu'en passant, dans nos conversations, mon cher archevêque, sur les questions que vous me fîtes touchant mes dettes présentes et mon bien futur ; car je ne voyais rien à consulter sur cela, et je ne voulais pas vous fatiguer de détails inutiles. Mais ce que vous me dites sur la conservation de l'hôtel de Luynes de Paris, et de Dampierre, m'est revenu dans l'esprit, et je crois devoir vous expliquer ce qui me portait à m'en défaire dans l'occasion, pour savoir si vous persisterez encore dans le même sentiment, qui sera ma règle (1). » Et il entre dans tout le détail de ses affaires.

Fénelon n'est pas moins écouté pour tout ce qui touche aux relations de familles : « Je suivrai la conduite que vous me marquez à l'égard de mon fils (2). » On lui rend compte de tout, des craintes et des espérances que chacun fait concevoir. Aucun mariage ne se fait sans son approbation (3) ;

(1) *Lettre du duc de Chevreuse*, 16 novembre 1706. Œuv. VII, 253.

(2) *Même lettre*, 254.

(3) *Lettre à M. de Chevreuse*, 11 janvier 1710. Œuv. VII, 301. C'est même Fénelon, s'il faut en croire Saint-Simon (*Mémoires*, IV-214), qui aurait décidé le duc de Beauvilliers à accepter, malgré ses justes répugnances, le duc de Mortemart pour gendre.

il trace la conduite à tenir à l'égard des jeunes ménages (1) ; en un mot il n'est rien dans la vie des ducs de Chevreuse et de Beauvilliers où son influence ne se fasse sentir. « Cette direction s'étendit sur les moindres choses, et dura tant qu'il vécurent (2). »

L'attachement que Fénelon avait pour les pères, il l'avait aussi pour les enfants. Nous l'avons déjà vu dans ses rapports avec le vidame d'Amiens ; il eut la satisfaction de le voir revenir aux pratiques religieuses. Un autre fils du duc de Chevreuse, le chevalier d'Albert, fut tué en Italie, au combat de Carpi, le 9 juillet 1701 ; ce fut pour les parents une douleur d'autant plus vive, que le jeune officier, mort sans avoir eu le temps de se reconnaître, avait trop souvent cédé aux passions de son âge. Avec quelle délicatesse Fénelon touche à ce triste sujet pour relever le courage des parents, et leur rendre les espérances chrétiennes ! Voici presque en entier cette lettre vraiment admirable.

« Il ne faut point se laisser aller à des pensées trop affligeantes. Les fragilités d'un âge si tendre et d'une vie si dissipée n'ont pas un aussi grand venin que certains vices de l'esprit, que l'on raffine, et l'on déguise en vertus dans un âge plus avancé. Dieu voit la boue dont il nous à pétris, et a pitié de ses pauvres enfants. D'ailleurs quoique le torrent des passions et des exemples entraîne un peu un jeune homme, nous pouvons néanmoins

----

(1) *Lettres à M. de Chevreuse*, du 13 janvier 1705 et du 20 mars 1710. (Œuv. VII, 246, 309. L'une se rapporte au ménage du vidame d'Amiens, l'autre au ménage du jeune duc de Luynes.

2) Saint-Simon, *Écrits inédits*. IV, 451.

en dire ce que l'Église dit dans les prières des agonisants : *Il a néanmoins, ô mon Dieu, cru et espéré en vous.* Un fond de foi et des principes de religion, qui dorment au bruit des passions excitées, se réveillent tout à coup dans le moment d'un extrême danger. Cette extrémité dissipe soudainement toutes les illusions de la vie, tire une espèce de rideau, ouvre les yeux à l'éternité, et rappelle toutes les vérités obscurcies. Si peu que Dieu agisse dans ce moment, le premier mouvement d'un cœur accoutumé autrefois à lui est de recourir à sa miséricorde. Il n'a besoin ni de temps ni de discours pour se faire entendre et sentir. Il ne dit à Magdeleine que ce mot : *Marie*, et elle ne lui répondit que par cet autre mot : *Maître*; c'était tout dire. Il appelle sa créature par son nom, et elle est déjà revenue à lui. Ce mot ineffable est tout puissant : il fait un cœur nouveau et un nouvel esprit au fond des entrailles. Les hommes faibles, et qui ne voient que les dehors, veulent des préparations, des actes arrangés, des résolutions exprimées ; Dieu n'a besoin que d'un instant, où il fait tout, et voit ce qu'il fait. Il y aurait une présomption horrible à attendre ces miracles de grâce ; mais celui qui défend de les attendre se plaît quelquefois à les faire (1). »

A combien de parents désolés cette lettre ne pourrait-elle pas s'adresser !

(1) *Lettre au duc de Chevreuse,* 18 août 1701. Œuv. VII, 229. Le duc de Chevreuse eut encore un autre fils, tué en Allemagne, en 1704, le duc de Montfort. Celui-ci au contraire avait échappé à la contagion du vice. Fénelon écrit une lettre de consolation aux parents (Œuv. VIII, 571) : « Dieu, dit-il, l'a enlevé aux tentations par un conseil de miséricorde, pour lui et pour les siens. »

Nous avons dit que M. de Chevreuse avait revu plusieurs fois Fénelon (1). Le duc possédait une fort belle terre à Chaulnes, en Picardie. Il s'y rendait chaque année, vers l'automne. Le voisinage permettait à Fénelon d'aller l'y rejoindre, sans attirer sur lui l'attention. Les deux amis se retrouvaient ainsi pendant quelques jours, trop vite passés à leur gré. C'était pour Fénelon le meilleur temps. « Je voudrais, dit-il, que l'automne durât toute l'année pour vivre à Chaulnes, et point ailleurs (2) ».

Il appelle Chaulnes un château enchanté (3). Le duc de Chevreuse en avait fait une délicieuse résidence. Fénelon y goûtait pleinement le charme de la nature, auquel il avait toujours été fort sensible. En cours d'une tournée pastorale il interrompt le compte-rendu de ses occupations, pour faire remarquer qu'il a vu quelques jolis paysages de vallons et de côteaux, sur les bords de la vallée de la forêt de Mormal (4). En écrivant à l'intendant du Hainaut, M. de Bernières : « Les beaux fossés, les prairies, le voisinage de la forêt, le canal de la rivière, et la vue d'un joli paysage, me font un vrai plaisir, et quand je pense que là-bas ces agréments sont à votre usage (5) ». Tout ce qui est de la campagne l'intéresse. « Les noyers morts m'ont

---

(1) Il ne vint jamais à Cambrai ; mais la duchesse de Chevreuse y vint au moins une fois, comme nous le voyons par la *lettre de Fénelon au duc*, 9 juillet 1702. Œuv. VII, 237.

(2) *Lettre à M. de Chevreuse.* 19 décembre 1711. Œuv. VII, 367.

(3) *Lettre au vidame d'Amiens*, 13 septembre 1710. Œuv. VII, 324.

(4) *Lettre à l'abbé de Beaumont*, 16 septembre 1702. Œuv. VII, 423.

(5) *Lettre* du 9 août 1699. Œuv. VII, 529.

affligé : c'était *ruris honos* (1) ». Il a un vignoble près de Laon, il y va quand on cueille le raisin : « Je partirai vers jeudi prochain, pour aller mettre mon pied dans la vendange (2). » On comprend combien il devait être charmé de Chaulnes, avec ses beaux arbres, ses parterres, ses pelouses, ses eaux, de tout cet ensemble *à souhait pour le plaisir des yeux* (3).

M. de Chevreuse ne pouvait aller à Cambrai ; il aurait trop excité le mécontement du roi ; mais ses enfants, et surtout ses petits-enfants furent souvent les hôtes du palais archiépiscopal, et y faisaient même d'assez longs séjours : il étaient comme de la famille, et Fénelon les aimait comme ses propres petits-neveux. Les liens que forme l'amitié sont souvent aussi forts que ceux du sang.

---

(1) *Lettre à l'abbé de Beaumont*, 22 mai 1714. Œuv. VII, 476.
(2) *Lettre à M. de Beaumont*, 28 septembre 1710. Œuv. VII, 432.
(3) Expressions tirées du *Télémaque*.

CHAPITRE XII

Les amis de Fénelon (suite)

Le P. Lami. — Le P. Lallemant. — Le P. Daubenton. — Le
cardinal Gabrielli. — Le P. Quirini. — L'abbé Alamanni. —
Le P. Le Tellier. — L'abbé Dubois. — Le chevalier de
Ramsay. — Le chevalier Destouches.

Les autres amis de Fénelon, dont nous avons à
parler aujourd'hui, sont loin d'avoir tenu dans
son existence une aussi grande place que les ducs
de Beauvillers et de Chevreuse : il importe cependant de les connaître, car en même temps nous
connaîtrons encore mieux Fénelon.

Le P. Lami, Bénédictin de la congrégation de
S.-Maur, avant d'entrer en religion, avait suivi la
carrière des armes. Après avoir renoncé à toute
charge, pour ne s'occuper que d'études, il joignait, à un savoir fort étendu, un véritable talent
d'écrivain : il devint l'un des membres les plus
distingués de sa communauté. Avait-il gardé de
sa première profession une humeur un peu batail-
leuse ? On serait tenté de le croire, quand on le
voit engager des polémiques avec l'abbé de Rancé,
Bossuet, Malebranche, Nicole, Arnauld, Leibnitz.
Cette indépendance d'esprit, fait encore mieux res-
sortir la grande déférence qu'il ne cessa de témoigner à Fénelon. Il lui envoyait régulièrement ses

livres : ces premiers rapports se changèrent peu à peu en une liaison étroite. Le P. Lami soumettait ses ouvrages en manuscrit à l'examen de Fénelon. Leur correspondance ne roule que sur des questions de doctrine. Elle fut interrompue assez longtemps, au moins du côté de Fénelon, après sa disgrâce. Le jour où il reprend la plume, pour donner signe de vie : « Il y a un temps, lui dit-il, que je n'écris plus à personne hors de ce diocèse sans une absolue nécessité, mais, comme je crains que vous ne pensiez que j'ai cessé d'être pour vous tel que je dois être, je crois devoir interrompre mon silence, pour vous assurer que je vous honorerai et chérirai toute ma vie (1) ». A partir de cette date, leur correspondance se poursuit sans arrêt, et l'on peut voir croître leur confiance et leur attachement réciproques : « Personne, lui dit le P. Lami, n'est plus que moi de votre troupeau, par les dispositions du cœur (2) ». Fénelon lui écrira de son côté : « Priez pour l'homme du monde qui vous aime, qui vous honore, et qui vous révère le plus (3) ».

Fénelon désirait vivement jouir au moins pendant quelque temps de la présence du P. Lami. Il le presse donc de venir à Cambrai. « Pour vous adoucir la fatigue du voyage que je craindrais beaucoup à cause de vos infirmités, je vous enverrais un carrosse fort doux jusqu'à Saint-Denis (4). »

---

(1) *Lettre* du 4 février 1700. Œuv. VII, 534.

(2) *Lettre* de 1703. Œuv. VII, 567.

(3) *Lettre* du 13 janvier 1710. Œuv. VII, 669.

(4) *Lettre* du 22 mai 1704. Œuv. VII, 584. — Saint-Denis, près Paris. C'est là que résidait le père.

Le P. Lami avait grande envie d'aller à Cambrai.
On ne voit pas cependant que ce projet ait été mis
à exécution. Un des principaux obstacles fut sans
doute l'état presque continuel de maladie dans
lequel languissait le père. Mais dans sa vénération
pour Fénelon, il lui semblait qu'il serait mieux
préparé à la mort, s'il pouvait pendant quelque
temps jouir des entretiens du prélat. Comme le
P. Richebraque, prieur à Saint-Denis, venait de
mourir après avoir passé quelques jours à Cambrai : « Il nous a quittés, écrit le P. Lami, et il est
allé jouir d'une meilleure vie. Apparemment la
divine Providence l'avait conduit auprès de vous,
peu avant son départ, pour y prendre des forces
pour ce grand voyage : j'envie en cela son bonheur
sans oser l'espérer (1). »

Avec quelle chrétienne résignation le religieux
et le prélat envisageaient la mort, soit pour eux-
même, soit pour leurs plus chers amis, on peut
le voir encore par cette lettre de Fénelon au P.
Lami, à un moment où ce dernier semblait en
grand danger : « Je suis profondément affligé du
mauvais état de votre santé. Je prie Dieu de tout
mon cœur qu'il vous soulage et vous conserve. Je
lui demande encore plus pour vous le parfait détachement de la vie, et un amour qui porte avec soi
la plus forte de toutes les consolations. Si Dieu
vous rend la santé, faites-moi donner au plus tôt
une aussi bonne nouvelle ; s'il décide autrement,
je conjure les personnes qui sont auprès de vous
de m'apprendre ce que Dieu aura fait, afin que je

(1) *Lettre* du 10 juillet 1704. Œuv. VII, 587.

ne l'ignore pas, et que je puisse vous présenter à l'autel dans le sacrifice. Je suis à la vie et à la mort, mon révérend père, plein de tendresse et de vénération pour vous. Dieu sait combien vous m'êtes cher (1). »

Le P. Lami, après plusieurs années de souffrances, mourut en avril 1721,

Le P. Lallemant, Jésuite, résidait à Paris. Fénelon marqua l'estime qu'il avait pour son savoir et sa piété, en approuvant, dans les termes les plus louangeurs, un livre que ce père avait composé : *Réflexions morales sur le nouveau Testament*, et en engageant divers évêques à donner aussi leur approbation. Ce livre était écrit pour faire la contrepartie du fameux ouvrage du P. Quesnel, qui portait le même titre. Le P. Lallemant, qui se recommandait comme un adversaire zélé du Jansénisme, entra donc facilement en relations avec Fénelon ; il alla même le voir à Cambrai. A Paris il était à portée de connaître toutes les nouvelles relatives aux affaires ecclésiastiques, et Fénelon était tenu par lui au courant de ce qu'il lui importait de savoir pour servir l'Église. Une correspondance de cette nature exigeait des précautions particulières : les personnages dont ils avaient à s'entretenir étaient désignés sous des noms convenus ; Fénelon lui-même s'appelait *M. de Granville* et le P. Lallemant *M. Colin*. Dévoué et bien renseigné comme l'était ce Père, il méritait sans doute une amitié, mêlée de reconnaissance pour les services rendus, et il l'avait obtenue : nous ne voyons

(1) *Lettre* du 28 novembre 1707. Œuv. VII, 630.

pas toutefois que cette amitié ressemblât à l'affection dont le P. Lami avait été l'objet. A plusieurs reprises le P. Lallemant remercie Fénelon des témoignages de bienveillance qu'il a reçus de lui ; mais il est à remarquer que si les lettres du P. Lallemant à Fénelon sont nombreuses, aucune de celles que lui écrivit Fénelon ne nous est parvenue.

Exactement renseigné par le P. Lallemant de l'état des questions religieuses à Paris, Fénelon avait à Rome, pour lui rendre des offices de même nature, un autre Jésuite, le P. Daubenton. Daubenton avait été nommé confesseur du duc d'Anjou, quand Fénelon dirigeait l'éducation des princes : ils avaient dû ainsi se connaître assez particulièrement. Lorsque le petit-fils de Louis XIV fut appelé au trône d'Espagne, Daubenton le suivit, en 1700. En 1706, la princesse des Ursins le fit rappeler en France ; mais bientôt ses supérieurs l'envoyèrent à Rome, comme assistant du général des Jésuites. Cette situation, et surtout sa grande habileté de conduite, faisaient de lui un personnage à même de savoir bien des choses, et pouvant sans trop de difficultés arriver jusqu'au Souverain Pontife. La considération avec laquelle Fénelon lui écrit touche parfois presque au respect.

Afin de pouvoir s'expliquer plus librement sur certaines affaires, ils étaient convenus d'un chiffre (1). Fénelon avait ainsi de sûres informations sur tout ce qui se débattait à Rome, par exemple sur les cérémonies chinoises. Mais ce qui lui importait surtout, c'est que par l'intermédiaire du

____

(1) *Lettre du P. Daubenton à Fénelon*, 27 février 1712. Œuv. VIII, 49.

père Daubenton il pouvait faire parvenir jusqu'au pape ses idées sur le Jansénisme, sur les moyens d'en finir avec les partisans de cette doctrine. Assuré comme il l'était de la discrétion de ce fidèle correspondant, qui du reste semble avoir été avec lui en parfaite communauté de vues et de sentiments, Fénelon donne les conseils les plus pressants pour que le Saint-Siège rende des décisions claires et fermes, et procède avec vigueur contre les réfractaires, quels qu'ils soient.

L'année même où Fénelon mourut, Daubenton était rappelé en Espagne par Philippe V (1), sur l'esprit duquel il ne cessa d'exercer beaucoup d'influence, jusqu'à contribuer grandement au renvoi du cardinal ministre, Albéroni.

Parmi ceux qui étaient en commerce suivi de lettres avec Fénelon, nous avons à citer plusieurs romains. En tête le cardinal Gabrielli. Quand les *Maximes des Saints* furent déférées au Saint-Siège, Gabrielli fut, comme nous l'avons vu, un des consulteurs nommés pour l'examen du livre, et jusqu'à la fin il se prononça en faveur de Fénelon. Bien que la condamnation de l'ouvrage semblât donner tort à ceux qui s'en étaient constitués les défenseurs, Gabrielli n'en fut pas moins bientôt après élevé à la dignité de cardinal. C'est à la suite de cette affaire du Quiétisme qu'une correspondance s'établit entre Fénelon et Gabrielli : celui-ci sans doute ne savait pas, ou ne savait qu'imparfai-

____

(1) On peut lire, Œuv. VIII, 285, une lettre que Daubenton adresse de Madrid, le 29 décembre 1715, à l'abbé de Beaumont, et où à nouveau il exprime au neveu de Fénelon tous les regrets qu'il éprouve de « la mort de ce grand homme. »

tement le français ; car toutes les lettres, d'une part comme de l'autre, étaient écrites en latin. On voit par celles de Gabrielli qu'il avait pour Fénelon une véritable admiration ; il croit ne pouvoir jamais trop le louer (1). Il l'entretenait en même temps de ce qui se passait à Rome ; c'est ainsi qu'il entre dans de curieux détails sur l'élection de Clément XI, fait pape malgré sa vive et sincère résistance.

Vers 1708 Gabrielli cessa d'écrire, au grand regret de Fénelon, qui se demandait si à son insu il l'avait offensé ; mais il avait beau s'interroger, il ne trouvait rien à se reprocher. L'abbé de Polignac, passant à Cambrai, lui donna l'assurance positive que le cardinal professait toujours pour lui les mêmes sentiments (2). Alors Fénelon adressa une nouvelle lettre à Gabrielli, qui répondit cette fois, en protestant de la continuation de son amitié : il s'excusait de son silence sur ses nombreuses et écrasantes occupations (3). Après une interruption de trois années il semblait donc que la correspondance allait reprendre ; mais dès le lendemain même du jour où le cardinal se plaignait de succomber sous le poids des affaires, il était tombé très dangereusement malade, et avait été considéré par les médecins comme perdu ; mais un mieux s'était produit comme par miracle. C'est de la campagne même, où Gabrielli s'était rendu pour achever sa convalescence, qu'il

---

(1) Plusieurs lettres de Gabrielli sont adressées à l'abbé de Chantérac, qui était pour le cardinal comme le second de Fénelon.

(2) *Lettre de Fénelon à Gabrielli*, 2 janvier 1711. Œuv. VII, 682.

(3) *Lettre* du 26 mai 1711. Œuv. VII, 709.

envoyait ces détails à Fénelon (1). Mais cette lettre fut la dernière. On avait cru le malade sauvé ; il mourut le 17 septembre 1711, il n'avait que cinquante-huit ans. « La religion a fait une perte infinie en sa personne », écrit le père Daubenton.

Le père Quirini, Bénédictin, déjà renommé pour son érudition, avait voulu, pour ajouter encore à son savoir, voyager. Après avoir parcouru la Suisse. l'Allemagne, la Hollande et l'Angleterre, il vint en France, où il passa trois années, de 1711 à 1714. Désireux de connaître les hommes les plus distingués, le principal but de son voyage en France, comme il le raconte lui-même dans ses mémoires (2), c'était Cambrai, où il lui serait donné de voir Fénelon, dont il s'était déjà fait la plus haute idée. Son séjour à l'archevêché ne fit que le confirmer dans ses sentiments d'admiration : « J'ai encore présentes à ma pensée, écrit-il, toutes les graves et importantes réflexions qui formaient le sujet de nos entretiens et de nos discussions ; mon oreille recueillait avec avidité toutes les paroles qui sortaient de la bouche de Fénelon. »

Ils ne se séparèrent pas sans éprouver l'un et l'autre une véritable peine. Ils avaient espéré se revoir encore, car Quirini se proposait de revenir à Cambrai : diverses circonstances l'empêchèrent de réaliser ce projet. Ils se dédommagèrent en s'écrivant. Toutes les lettres de Quirini expriment de l'enthousiasme pour Fénelon : « Si j'ai perdu infiniment à ne pas commencer mon pèlerinage

(1) *Lettre* du 21 juillet 1711. Œuv. VIII, 13.

(2) *Commentarius historicus de rebus pertinentibus ad cardinalem Quirinum.*

par Cambrai, vous gagnez beaucoup, Monseigneur, à tous ces voyages ; car c'est après les avoir faits que je dirai avec plus de raison ce que j'ai accoutumé de dire de longtemps : Je n'ai pas trouvé le pareil, *procul est de ultimis finibus pretium ejus* (1). » Ailleurs : « Nos confidentes conversations m'ont fait reconnaître en vous le plus beau et le plus grand talent de la France (2). » Et : « je m'en vais, Monseigneur, en vous protestant du fond de mon cœur qu'il n'y aura pas en Italie un plus grand admirateur que moi de l'illustre nom de Monseigneur de Cambrai. Sa vertu, ses mérites, ses talents admirables, je narrerai à mes frères et je pronerai au milieu de l'Église (3). »

Ce n'étaient pas là des exagérations italiennes : ce que Quirini écrit n'est que l'exacte expression de sa pensée. De retour à Rome, dans ses entretiens avec le pape, et plus tard dans ses mémoires, il proclame bien haut cette sorte de culte qu'il a voué à Fénelon.

Il donnera encore une autre preuve de sa vénération pour le prélat, en suivant avec un religieux respect ses avis. Quirini était passionné pour les études : sans blâmer cette ardeur de savoir, Fénelon estimait qu'elle était peut-être excessive chez un prêtre. Il le fit comprendre à Quirini, mais avec quelle délicatesse ! « Je prie Notre-Seigneur de vous remplir de son esprit, et de faire en sorte que le goût du recueillement et de la prière soit toujours

<hr>

(1) *Lettre* du 23 janvier 1714. Œuv VII, 213.
(2) *Lettre* du 29 février 1712. Œuv. VIII, 50.
(3) *Lettre* du 15 octobre 1713. Œuv. VIII, 194.

en vous supérieur au goût de l'étude. Je prie Dieu qu'il vous remplisse de son esprit de simplicité et de force, afin que vous ne suiviez ni votre goût naturel, ni votre curiosité pour la science, ni le plaisir de l'esprit, ni celui de la société avec les personnes savantes, mais l'enfance de la crèche et la folie de la croix. *Nos stulti propter Christum, vos autem prudentes in Christo.* L'Église a besoin de saints plus encore que de savants... N'allez donc pas augmenter le nombre de ces génies pénétrants et curieux que la science enfle ; mais nourrissons-nous des paroles de la foi, pour apprendre aux hommes à se renoncer et à être pauvres d'esprit. Pardon, mon révérend père, de ce zèle indiscret ; mais plus je vous aime et je vous honore, plus je vous désire l'unique bien (1). »

Zèle indiscret ; Quirini n'en jugea pas ainsi ; car il nous apprend qu'après avoir lu cette lettre de Fénelon, il prit avec lui-même l'engagement d'être fidèle aux pieuses inspirations qu'elle renfermait, de se défendre de cet esprit de curiosité, de cette extrême ardeur pour les sciences humaines, dont l'attrait trop vif l'avait séduit, et n'avait pas échappé à la pénétration de Fénelon. Cette lettre fit peut-être sur Quirini d'autant plus d'impression que ce fut la dernière qu'il reçut du prélat : elle ne fut même sans doute entre ses mains qu'après la mort de Fénelon.

Quirini devint cardinal en 1727.

L'abbé Alamanni, de Florence, était venu en France vers 1709. Il alla à Cambrai, passa même

(1) *Lettres* du 26 juin 1711, d'août et de décembre 1714. **Œuv.** VIII.

quelque temps à l'archevêché ; et en voyant de près
Fénelon il conçut pour lui autant d'attachement
que de respect. Il n'était pas encore prêtre ; mais
les conseils de Fénelon le décidèrent à se lier plus
étroitement à l'Église. De retour en Italie, il reçut
les ordres sacrés. « Je vous assure, Monseigneur,
que, dès que je dis la messe, je ne vous ai jamais
oublié dans le *Memento*, espérant aussi que vous
voudrez bien à votre tour plus particulièrement
vous souvenir de moi, afin que le bon Dieu me
fasse la grâce de vous suivre, et de vous imiter
dans la perfection avec laquelle vous soutenez le
sacerdoce (1). » Le titre d'ami de Fénelon lui semble celui dont il peut le plus s'honorer : « Je l'esti-
merai toute ma vie le plus illustre ornement de ma
personne. » Nous n'avons que quelques-unes des
lettres qui furent échangées entre eux ; mais elles
font voir qu'Alamanni jouissait de toute la confiance de Fénelon, qui le chargea même de com-
missions assez délicates (2).

La correspondance avec le père Le Tellier présente un intérêt d'une nature particulière. Ce n'est
pas que ni de l'un ni de l'autre côté se révèlent des
sentiments de vive affection ; il y a plutôt de l'estime et de la confiance réciproques. Le Tellier, comme presque tous les Jésuites du reste, était porté
vers Fénelon ; confesseur du roi, à ce titre il avait
de l'influence. Son appui pouvait être fort utile
lorsqu'il s'agissait de faire prendre à Louis XIV un
parti dans les affaires religieuses. Fénelon était trop

---

(1) *Lettre* du 13 juin 1711. Œuv. VIII, 5.

(2) Voir le *Mémoire au P. Le Tellier*, 1710. Œuv. VII, 666.

habile pour rien négliger de ce qui pouvait aider au triomphe de ses idées : c'est ainsi que nous l'avons vu suggérer les mesures les plus propres à étouffer le Jansénisme.

Toutefois ses lettres au père le Tellier ne portent pas exclusivement sur les choses de la religion. Quoi qu'il en ait dit, il n'est pas aussi indifférent à sa disgrâce qu'il voudrait se le persuader à lui-même. Qu'on lise la lettre, ou plutôt le mémoire qu'il adresse à Le Tellier en 1710 (1). Après avoir parlé du Jansénisme et de quelques autres affaires du temps, il déclare qu'il n'a aucun besoin ni désir de changer sa situation ; mais comme si le cours de l'entretien l'y amenait incidemment, il se justifie des sentiments et des intentions qu'on lui a prêtés, dans la composition des deux ouvrages qui ont irrité Louis XIV, le livre des *Maximes* et le *Télémaque*. Il est, il a toujours été le dévoué et reconnaissant serviteur du roi ; s'il le dit, ce n'est pas pour dissiper d'injustes préventions ni obtenir un retour de faveur. « Il ne faut point que le père Le Tellier se commette jamais, ni fasse aucun pas douteux pour mon compte... Je le conjure de ne rien hasarder, et ne s'exposer jamais à se rendre inutile au bien de l'Église, pour un homme qui est, Dieu merci, en paix dans l'état humiliant où Dieu l'a mis. » Est-il bien sûr cependant que Fénelon n'ait pas nourri quelque espérance que le confesseur pourrait, ne fut-ce qu'en montrant ses lettres, le servir discrètement auprès du roi ? Le lecteur en jugera.

(1) Œuv. VII, 661-666.

N'oublions pas de dire que la dernière lettre qu'écrivit Fénelon, de son lit de mort, et qui fut comme son testament, est adressée au père Le Tellier. Nous aurons à la citer plus tard.

Parmi ceux qui eurent des liaisons avec Fénelon, il est un personnage que nous présentons ici surtout à titre de curiosité, l'abbé Dubois, celui-là même qui fut sur le siège de Cambrai le successeur très-peu édifiant de Fénelon. On peut être surpris qu'il ait pu exister entre eux des rapports tels que Fénelon écrive qu'il est « rempli depuis longtemps des sentiments les plus vifs et les plus sincères » pour l'abbé (1) ; et ailleurs voici en quels termes il le recommande : « Il est mon ami depuis nombre d'années ; j'en ai reçu des marques solides et touchantes dans les occasions : ses intérêts me sont sincèrement chers. Je compterai comme des grâces faites à moi-même toutes celles que vous lui ferez. S'il était connu de vous, il n'aurait aucun besoin de recommandation, et son mérite ferait bien plus que mes paroles (2). » Rappelons que Fénelon et Dubois avaient été en même temps précepteurs, l'un des petits-fils de Louis XIV, l'autre de son petit-neveu, le duc d'Orléans. C'est ainsi qu'ils s'étaient connus assez particulièrement. Pour que Fénelon tînt l'abbé en telle estime, il faut que Dubois pendant ces premières années ait caché assez bien ses vices, ou que ses ennemis, et il en eut beaucoup, aient exagéré les désordres de sa vie. Quoi qu'il en

____

(1) *Lettre de Fénelon à l'abbé Dubois*, 4 octobre 1706. Œuv. VII, 618.

(2) *Lettre à M. de Roujault*, 14 octobre 1711. Œuv. VIII, 26.

soit, le témoignage que lui rend Fénelon méritait d'être signalé.

Nous avons à parler maintenant d'un étranger, sur la vie de qui Fénelon eut une grande influence, et qu'il amena à changer de religion, ou plutôt à acquérir, ce qu'il cherchait inutilement depuis longtemps, une religion. André-Michel de Ramsay, c'est de lui qu'il s'agit, chevalier baronnet, d'une ancienne famille d'Écosse, nous a laissé l'histoire de ses relations avec Fénelon. Nous ne pouvons mieux faire que de lui emprunter une partie de son récit.

« Né, dit-il, dans un pays libre, où l'esprit humain se montre dans toutes ses formes sans contrainte, je parcourus la plupart des religions pour y chercher la vérité. Le fanatisme, ou la contradiction, qui règnent dans tous les différents systèmes protestants, me révoltèrent contre toutes les sectes du christianisme.

« Comme mon cœur n'était point corrompu par les grandes passions, mon esprit ne put goûter les absurdités de l'athéisme. Croire le néant source de tout ce qui est, le fini éternel, ou l'infini un assemblage de tous les êtres bornés, me parurent des extravagances, plus insoutenables que les dogmes les plus insensés d'aucune secte de croyants.

« Je voulais alors me réfugier dans le sage déisme, qui se borne au respect de la divinité, et aux idées immuables de la pure vertu, sans se soucier ni du culte extérieur, ni du sacerdoce, ni des mystères. Je ne pus pas cependant secouer mon respect pour la religion chrétienne, dont la morale est si sublime. Mille doutes vinrent souvent accabler mon esprit. Se précipiter tout à fait dans le déisme me paraissait une démarche hardie. S'arrêter dans aucune secte du christianisme me semblait une faiblesse puérile : j'errai çà et là dans les principes vagues d'un tolérantisme outré, sans pouvoir trouver un point fixe. C'est dans ces dispositions que j'arrivai à Cambrai.

« M. l'archevêque me reçut avec cette bonté paternelle et insinuante, qui gagne d'abord le cœur. J'entrai avec lui, pendant l'espace de six mois, dans un examen fort étendu de la religion. Je ne pourrai pas raconter ici tout ce qu'il me dit sur cette matière ; j'en dirai seulement la substance (1). »

Il serait trop long de suivre Ramsay dans l'exposé de ses entretiens avec Fénelon sur la religion. Citons seulement ce passage, particulièrement intéressant, qui fait voir quelle franchise, quelle candeur les deux interlocuteurs apportaient dans leurs conversations. Ramsay raconte comment un instant il fut repris de doutes violents :

« Dans le temps de cette agitation extrême j'eus une tentation violente de le (Fénelon) quitter. Je commençai à soupçonner sa droiture. Il n'y avait qu'un seul moyen de surmonter mes peines : c'était de lui en faire la confidence. Quels combats ne souffris-je pas avant que de pouvoir me résoudre à cette simplicité ! Il fallait cependant passer par là. Je lui demandai donc une audience particulière. Il me l'accorda ; je me mis à genoux devant lui, et lui parlai ainsi : Pardonnez, Monseigneur, à l'excès de mes peines. Votre candeur m'est suspecte,

____

(1) *Histoire de Fénelon*, III-112.

et je ne saurais plus vous écouter avec docilité. Si l'Église est infaillible, vous avez donc condamné la doctrine du pur amour, en condamnant votre livre des *Maximes*. Si vous n'avez pas condamné cette doctrine, votre soumission était feinte. Je me vois dans la dure nécessité de vous regarder comme ennemi ou de la charité ou de la vérité. — A peine eus-je prononcé ces paroles que je fondis en larmes. Il me releva, m'embrassa avec tendresse, et me parla ainsi... (1). » Ce qu'il dit, c'est ce que nous avons déjà cité, l'aveu fait par Fénelon que les termes dont il s'était servi pour expliquer le pur amour n'étaient pas propres pour un ouvrage dogmatique.

Ramsay garda toujours une profonde reconnaissance pour le prélat à qui il était redevable de la possession de cette vérité si ardemment cherchée. Il se fit l'historien de Fénelon, tel qu'il l'avait vu à Cambrai dans sa vie épiscopale (2) : c'est un pré-

(1) *Histoire de Fénelon*, 112.

(2) Combien de temps Ramsay, arrivé à Cambrai en 1710, comme il le dit lui-même, demeura-t-il auprès de Fénelon ? Il nous serait impossible de le dire. Son séjour à Cambrai se prolongea-t-il au-delà des six mois donnés à l'examen de la religion ? Il dit bien, dans la préface de son *Histoire*, que Fénelon l'a « honoré plusieurs années avant sa mort d'une amitié particulière. » Mais cela peut s'entendre d'une amitié qui aurait continué après le départ de Cambrai. D'un autre côté nous n'avons aucune lettre de Fénelon à Ramsay, ni de Ramsay à Fénelon. Il y a plus : dans toute cette correspondance si étendue, qui fait passer sous nos yeux tant de personnages divers, nous ne trouvons pas une seule fois le nom de Ramsay, de sorte que si nous n'avions pas l'histoire qu'il a écrite, nous serions dans l'ignorance la plus absolue de ses rapports avec Fénelon. Il y a là quelques points que nous renonçons à éclaircir.

cieux témoin que nous avons dû souvent interroger. Il composa en outre divers traités, qu'il donna comme un exposé des idées exprimées par Fénelon dans leurs entretiens, *Essai philosophique sur le gouvernement civil, Principes philosophiques de la religion naturelle et révélée*. Enfin, admirateur du *Télémaque*, dans lequel il voit un véritable poème en prose, il écrivit un *Discours sur le poème épique*, que l'on a mis souvent en tête du *Télémaque*.

Bien différent de Ramsay était le personnage dont il nous reste à parler. A le connaître, on est tout d'abord surpris qu'il ait pu pénétrer profondément dans i'affection du prélat. Cette liaison mérite que nous la racontions assez en détail : elle nous révèle, en quelque sorte, un Fénelon imprévu.

Louis Camus, chevalier Destouches, entré jeune au service, était devenu l'un des officiers d'artillerie les plus distingués ; il remplissait dans cette arme les fonctions de commissaire général (1). En 1710, il fut envoyé à l'armée de Flandre. Malade à la suite de grandes fatigues, il avait été reçu chez Fénelon, qui avait fait d'une partie de son palais comme un hôpital. Destouches y resta trois mois. Si bien qu'il fût traité, dans son impatience militaire il n'était pas toujours commode, à ce qu'il paraît, pour ceux qui le soignaient, et qui ne le remettaient pas assez vite sur pied. Fénelon lui rappelle « la cellule grise où vous avez tant grondé médecins, chirurgiens, et religieuses hospitalières. Vous ne devriez jamais vous exposer à être

(1) On l'appelait dans la société *Destouches-Canon*, pour le distinguer de Néricault Destouches, l'auteur dramatique.

malade, car vous n'êtes pas joli dans vos maladies (1). » Joli, pour employer l'expression de Fénelon, Destouches devait l'être encore même dans ces moments-là, puisque malgré sa méchante humeur les gens ne pouvaient se défendre de l'aimer : tout le monde de l'archevêché, et surtout *le nombreux népotisme*, l'avait pris en grande affection.

Si Destouches grondait pendant la maladie, car en autre temps il se montrait de caractère facile, c'était peut-être à cause du régime sévère auquel on le réduisait ; car, disons-le tout de suite, il était gourmand, franchement gourmand. Il ne songeait pas du reste à s'en cacher, pas plus que de ses autres défauts ; car on comprend aisément qu'avec son goût de plaisir, et dans sa profession, il n'ait pas été un saint. Sous ce rapport sa liaison même avec Fénelon ne lui profita guère ; car plus tard il fut l'amant de Mme de Tencin, et elle eut de lui un fils, qui fut le célèbre d'Alembert. Du reste gai, spirituel, instruit, et ce qui valait mieux, dévoué à ceux qu'il aimait.

C'est par l'esprit que se rapprochèrent d'abord Fénelon et Destouches. Destouches avait dans la conversation un tour aisé, délicat, gracieux, qui sentait l'homme du meilleur monde : c'était un mérite auquel Fénelon ne devait pas rester insensible ; en causant avec le chevalier, il pouvait se croire reporté à Versailles, loin de son milieu flamand. « Vous êtes le plus aimable de tous les hommes, lui dit-il dans une de ses premières

---

(1) *Lettre* du 11 août 1713. Œuv. VIII, 184.

lettres; vous êtes trop joli dans le badinage (1). »

Mais il ne tarda pas à s'apercevoir que ce charmant causeur était aussi un homme de cœur, bon, obligeant, serviable (2), sincère, « transparent comme le cristal de roche (3) » ; fort attaché à tous les siens, et désintéressé, comme Fénelon en eut la preuve, quand il fut plus tard au courant des affaires particulières de Destouches. « Il faut que vous soyez de bonnes gens dans votre famille, puisque vous vous aimez les uns les autres ; la mode en est presque passée entre parents. Voilà une race faite sur un patron fort singulier : les héritiers pleurent les morts dont ils héritent ; les vivants partagent sans procès ni scellé, et les biens sont presque en commun. Si le monde voulait vous imiter, on reverrait l'âge d'or (4). »

Fénelon était particulièrement touché de la grande affection de Destouches pour sa mère, qu'il eut la douleur de voir tomber dans un état d'enfance qui faisait dire à Fénelon : « Ce qui vous reste de Madame votre mère n'est plus elle : vous n'en conservez que ce qui peut vous donner un souvenir amer et douloureux. Ces morts qu'on n'enterre point font bien de la peine aux vivants qui les ont aimés (5). »

---

(1) *Lettre* du 4 août 1711. Œuv. VIII, 14.

(2) Destouches s'est chargé d'emmener deux petits-neveux de Fénelon : « Que vous êtes bonhomme de traîner après vous deux marmots. Mais vous n'étiez guère grave pour vous ériger en pédagogue : n'étiez-vous pas le moins sage de la troupe ? » *Lettre du 6 février 1714.* Œuv. VIII, 220.

(3) *Lettre* du 18 février 1712. Œuv. VIII, 48.

(4) *Lettre* du 13 février 1713. Œuv. VIII, 129.

(5) *Lettre* du 15 avril 1713. Œuv. VIII, 142.

L'attachement de Fénelon pour ce cher bonhomme, comme il l'appelle, semble avoir été toujours croissant ; les témoignages en abondent dans
ses lettres. « Je ne suis point encore accoutumé à
ne plus vous voir ; trois mois d'une si douce société
laissent un grand vide : nous le remplissons à vous
regretter et à parler de vous. — Faut-il que je ne
vous aie connu qu'à soixante ans ! — Je vous aime,
je vous désire ; si vous ne voulez pas le croire,
venez le voir. — Aimez-moi, et sachez que je vous
aime à toute épreuve. — Je vous aime de franc
amour, comme au bon vieux temps. — Eh ! qui
aimerais-je, si je ne vous aimais pas ? — Vous avez
la clé de mon cœur. » Et un jour que Destouches
vient de quitter Cambrai : « Je ne veux plus de
vous ; il en coûte trop quand vous partez (1). »

Notons encore ce passage : « Allons-nous en,
vous et moi, avec une demi-douzaine de bonnes
gens francs et paisibles, dans quelque île déserte,
où nous renouvellerons l'âge d'or ; mais il faudrait
nous y enterrer tous à la fois, car que devien-
draient les survivants (2) ? ».

Tout en exprimant son affection avec une viva-
cité singulière, Fénelon voit mieux que personne
tout ce qui manque à Destouches, et il ne se fera
pas faute de le lui dire sur un ton moitié plaisant,
moitié sérieux : « Cherchez bien, vous qui savez
tant vous faire aimer : vous ne trouverez, je vous
en défie, aucun coin de la terre ronde où vous

<hr>

(1) *Lettres* des 31 juillet, 4 et 19 août, 18 octobre 1711 ; 22 janvier, 12 mars 1712 ; 16 mai 1713 ; 20 juillet 1714. Œuv. VIII, 14,
17, 27, 45, 55, 147, 243.

(2) *Lettre* du 18 février 1712. Œuv. VIII, 48.

soyez plus aimé que chez nous. On ne vous y aime point à l'aveugle ; on connaît ce qu'il faut connaître, on vous aime avec vos défauts. Compensation faite, on vous trouve cent fois meilleur, malgré vos irrégularités contre lesquelles on proteste, que certaines gens, faux dans leurs prétendues vertus arrangées en symétrie. N'allez pas vous enorgueillir de cette préférence, car elle ne vous met qu'au-dessus des fanfarons de vertu : vous êtes plus modeste qu'eux et loin de l'hypocrisie : c'est le seul certificat de bonne vie et mœurs que je puisse vous donner (1). Quoique je proteste contre vos goûts frivoles, je ne puis me corriger de vous aimer tendrement :

Tecum vivere amem, tecum obeam libens (2)

Une liaison si intime avec ce mondain de Destouches pouvait paraître singulière : « Si vous alliez montrer ma lettre à quelque grave et sévère censeur, il ne manquerait pas de dire. Pourquoi ce vieil évêque (3) aime-t-il tant un homme si profane ? Voilà un grand scandale, je l'avoue ; mais quel moyen de me corriger ? La vérité est que je trouve deux hommes en vous ; vous êtes double comme Sosie, sans aucune duplicité pour la finesse ; d'un côté vous êtes mauvais pour vous même ; de l'autre, vous êtes vrai, droit, noble, tout à vos amis (4) ».

---

(1) *Lettre* du 23 septembre 1713 Œuv. VIII, 185.

(2) *Lettre* du 10 mars 1714. Œuv. VIII, 229.

(3) Fénelon avait alors soixante-trois ans, et Destouches quarante-six.

(4) *Lettre* du 12 avril 1714. Œuv. VIII, 234.

L'amitié et l'âge, sans parler du caractère sacerdotal, autorisaient Fénelon à dire à Destouches ses vérités. Il n'y manque pas : ainsi il n'y a presque point de lettre où il ne le reprenne sur le chapitre de la gourmandise. Mais il se garde bien de lui faire des sermons, de parler en évêque (1). Ce n'est pas au nom de l'évangile, ni même de la philosophie qu'il entreprend de le convertir à la sobriété. Avec cet épicurien, léger sans doute de croyances et de principes, le sage, le moraliste qu'il invoque surtout, c'est Horace, qu'on n'accusera pas d'avoir une doctrine trop sévère. « En croirez-vous Horace ? Pourquoi non ? » Il lui met sous les yeux divers passages du poète ; après quoi : « Vous m'avouerez que voilà un beau sermon. Je n'oserais le prêcher, si j'en étais l'auteur ; mais Horace ne passe point pour un prédicateur triste et importun (2) ». Les citations d'Horace reviennent à chaque instant dans les lettres, et presque toujours pour corriger Destouches de son amour excessif de la table ; mais Destouches semble bien incorrigible.

Tout en ne cessant de le morigéner, Fénelon ne prend jamais un ton morose : il met tant d'enjouement dans ses reproches, que le chevalier aurait eu mauvaise grâce à en prendre de l'humeur ; il avait pour cela trop d'esprit. Comment pourrait-il

____

(1) Une fois seulement, en passant, à propos d'une mort imprévue qui affligeait fort Destouches, il lui dit : « Ce triste exemple vous engage à faire des réflexions sérieuses : il ne faut ni abréger la vie présente, qui est si courte, ni négliger la future, qui n'a aucune borne. » *Lettre du 15 janvier 1713.* Œuv. VIII, 128.

(2) *Lettre* du 8 janvier 1713. Œuv. VIII, 127.

se fâcher de leçons données avec tant d'agrément ? Comme les Épicuriens, tout en se proposant le plaisir pour règle, veulent qu'on fuie le plaisir s'il doit avoir pour conséquence une plus grande douleur : « Je mets pour vous la vertu au rabais : peut-on vous demander moins que d'imiter les Épicuriens?.. Voyez combien vous êtes au-dessous d'Épicure, vous qui courez risque d'être martyr de la volupté (1) ».

Destouches en effet compromettait sa santé en abusant de la bonne chère : « Vos soupers m'alarment ; vos amis vous empoisonnent ; ce que tant de coups de canon n'ont pas fait, *quod non mille carinæ*, des fèves à la moutarde le feront. — Je suis véritablement en peine de votre santé, mon cher bonhomme, et je crains qu'elle n'ait à se plaindre de vous. Vous ne ressemblez guère au cormoran de La Fontaine, qui vivait de régime. — Vous périrez, comme l'ancienne Rome, de vos propres mains :

« *Suis et ipsa Roma viribus ruit.*

Vos plaisirs seront vos Sylla, vos Marius, vos Pompée et vos César. — Je suis honteux pour vous de ce que vos appétits gloutons vous attachent à ces jolis repas, où vous joignez l'enjouement à la friandise ; mais je serai bientôt vengé et vous vous empoisonnerez de bonne chère (2) ».

D'autres fois Fénelon lui envoie ses objurgations en latin. Il feint de transcrire un passage qu'il

(1) *Lettre* du 15 avril 1713. Œuv. VIII, 147.

(2) *Lettres* des 16 novembre 1712, 23 juin 1713, 6 février et 1er décembre 1714. Œuv. VIII, 124, 170, 220, 259.

vient de lire, et où il est dit : « Parce, precor, dapibus opiparis. Tot cupediæ, tot venena. Desine helluari ut nitidus Epicuri de grege porcus. Cave ne gulæ indulgeas. Quid turpius tibi, mihi vero acerbius, quam si te opsoniis, ut catillonem, evectum audiam (1)? » *Helluari, porcum, gulæ, catillonem,* voilà de bien grosses expressions ; mais le latin dans les mots brave l'honnêteté. Ailleurs, il lui écrira que voici l'épitaphe qui l'attend : « Hic jacet N. C. catillonum laude nulli secundus ; quem non puduit opes, amicos, famam, decus vitamque ipsam gulæ postponere. Felix si in stygia ripa fas esset comedere! Quippe omnia impune obliguriret (2) ».

A l'occasion même, il a recours au grec : « N'avez-vous jamais ouï parler aux médecins de la *polyphagie*? Si vous ne connaissez pas le nom, vous ne pratiquez que trop la chose ; vous faites l'action française, dont vous ignorez le nom grec. Demandez-en l'explication aux savants de votre pays, et bannissez la chose en apprenant le mot (3) ».

Pour faire passer ses sévérités : « Quel moyen,

(1) Evitez la trop bonne chère ; les mets recherchés ne sont que des poisons. Cessez de manger en goinfre, comme un cochon gras du troupeau d'Épicure. Ne vous livrez pas à la gloutonnerie. Quelle honte pour vous, quel chagrin pour moi, si j'apprenais que vous êtes mort de bombance, comme un lécheur de plats. » *Lettre* du 29 avril 1712. Œuv. VIII, 62.

(2) « Ici repose le plus fameux de tous les lécheurs de plats. Fortune, amis, réputation, honneur, la vie même, il a sans scrupule tout sacrifié à la goinfrerie. Heureux si sur les rives du Styx il lui était permis de manger ! Il pourrait alors impunément tout dévorer. » *Lettre* du 10 mai 1712. Œuv. VIII, 64.

(3) *Lettre* du 17 août 1714. Œuv. VIII. 182.

dit Fénelon, d'être indulgent quand il s'agit de votre santé ? » Et après avoir, suivant son expression, chanté pouilles : « Passons des injures aux marques de tendresse. — Pardonnez ma morale : je veux que vous viviez. — Aimez celui qui ne vous gronde que par un excès d'amitié (1) ».

Parfois Destouches semblait vouloir s'amender. « Je vous félicite sur les victoires que vous vous vantez d'avoir remportées sur le souper (2) ». Mais, c'étaient des victoires bientôt suivies de défaites : « Votre pauvre philosophie n'a pas duré ; vous vous êtes échappé à vous même, votre sobriété a fait naufrage en sortant du port. Votre courage, qui est grand contre les canons et les bombes, est bien petit contre les ragoûts. Le prince Eugène vous trouverait Achille, mais Ferrand (3) vous ferait Thersite. Vous direz que je cherche à vous piquer : il est vrai, mais je n'y réussirai pas ; vous me lirez, vous rirez, vous me répondrez des folies, et vous en ferez d'autres encore plus grandes. J'en serai fâché contre vous, mais je vous aimerai toujours tendrement. Je ne saurais me corriger de ce défaut, comme vous êtes incorrigible sur les vôtres (4) ».

Horace, comme nous l'avons dit, servait à donner des leçons de tempérance ; pour le citer si souvent et si à propos, comme il fallait que Fénelon se le fût rendu familier.

---

(1) *Lettres* des 11 octobre 1711, 29 novembre 1712, 8 janvier 1713. Œuv. VIII. 26, 125, 127.

(2) *Lettre* de février 1712. Œuv. VIII, 47.

(3) C'est le cuisinier.

(4) *Lettre* du 17 mars 1713. Œuv. VIII, 134.

Destouches au contraire le connaissait fort peu ; mais il aimait et lisait beaucoup Virgile. C'est encore une des singularités de cette correspondance ; celui qui goûte et vante le plus Horace ce n'est pas le chevalier, mais l'archevêque : de là une petite et aimable querelle littéraire. Fénelon veut faire honte à Destouches de trop ignorer Horace ; il exagère même sans doute quelque peu l'ignorance qu'il lui reproche. Il vient de faire deux citations, l'une des *Odes*, l'autre des *Géorgiques* : « Reconnaissez ce vers, dit-il, il est de Virgile ; pour les autres ils sont d'un pays inconnu ». Et deux jours après, comme il vient d'emprunter à l'*Art Poétique* le portrait du sage et consciencieux critique, *vir bonus et prudens* : « Vous voyez que je porte toujours la guerre du côté de votre frontière le moins muni. Je n'ai garde de vous attaquer du côté de Virgile ; vos lignes sont moins bonnes du côté d'Horace », Plus tard, comme Destouches, à son tour, dans une lettre lui a donné de l'Horace, il feint la surprise : « Mais, à propos de cet endroit d'Horace que vous citez, d'où vient que vous avez fait connaissance avec lui ? Virgile, votre ancien favori, en sera jaloux (1) ».

Le goût commun des choses de l'esprit qui avait contribué à unir Fénelon et Destouches, se marque dans un grand nombre de lettres : il apportait un grand charme dans leur liaison. Destouches a recueilli des épitaphes, et les a envoyées à Fénelon, qui, après les avoir lues, lui écrit : « Elles ont beaucoup de force : chaque ligne est une épi-

____

(1) *Lettres* des 17 et 19 août 1711, et 10 mars 1714. Œuv. VIII, 17, 229.

gramme : elles sont historiques et curieuses. Ceux qui les ont faites avaient beaucoup d'esprit, mais ils ont voulu en avoir : il ne faut en avoir que par mégarde et sans y songer. Elles sont faites dans l'esprit de Tacite, qui creuse dans le mal. Celle de Lulli n'a pas cette acreté de critique ; elle est aimable. Les trois m'ont occupé agréablement ; je vous le dis parce que je sais que je vous fais plaisir en vous apprenant que vous m'en avez fait (1) ». Ce jugement littéraire, et en particulier l'appréciation de Tacite, méritent d'être relevés. Une autre fois c'est une petite discussion grammaticale sur les différences du genre élevé et du genre simple, et sur l'emploi du mot *précision*, qui ne convient, écrit Fénelon, qu'aux opérations de l'esprit (2) : il y a là-dessus des réflexions très justes. — Tantôt à propos d'Horace et de Malherbe, qui tous les deux ont célébré la paix, c'est une comparaison de l'antique et du moderne ; tantôt une critique judicieuse d'une ode de J.-B. Rousseau (3).

On se rappelle que Fénelon, dans sa lettre à l'Académie française, dit que pour ajouter à l'abondance de notre langue, il serait utile d'y introduire, avec choix, de nouveaux termes d'un usage commode. Destouches à cet égard lui donne satisfaction. « Je vous félicite sur ce que vous êtes le père d'un mot nouveau, c'est *réciprocité* ». — C'était bien un néologisme. — « *Insigne, recens, indictum ore alio.* Tibère, empereur du monde,

---

(1) *Lettre* du 28 novembre 1711. Œuv VIII, 36.

(2) *Lettre* du 17 août 1713. Œuv. VIII, 182.

(3) *Lettres* des 11 et 22 janvier 1712. Œuv. VIII, 43, 45.

n'eut pas assez de crédit pour venir à bout de ce que vous osez (1) ».

« Votre badinage est contagieux, écrit quelque part Fénelon, vous m'y entrainez (2) ». En effet, ailleurs il peut montrer de l'enjouement ; mais de la jovialité, on n'en trouvera que dans ses lettres à Destouches. Voici, par exemple, comment il s'égaie au sujet du mariage : « A quel propos demandez-vous pourquoi on se marie ? Tout homme est Paris, qui ne peut souffrir son bonheur ; le genre humain languit dans le repos et la liberté ; il s'ennuie de se bien porter, et veut un peu de fièvre chaude. L'homme dont vous parlez était heureux par sa douceur et par les commodités de son état ; mais ce qu'il trouve est très avantageux dans le genre de bonheur que vous ne lui enviez pas. Ne seriez-vous pas Paris à votre tour ! O que vous seriez un plaisant objet avec une femme à votre côté qui vous dominerait ! Je crois que vous seriez *uxorius*. J'en rirais bien (3). »

Destouches l'avait prié de faire rechercher si un soldat de sa connaissance n'était pas mort à l'hôpital de Cambrai. « Votre bombardier n'est mort, dit-on, ni au camp, ni dans les hôpitaux des villes voisines. Il a pu mourir sur les grands chemins, sans avoir soin de se faire écrire. Vous savez qu'on fait souvent vivre les morts aux dépens du roi ; après leur enterrement on leur paie encore des

---

(1) *Lettre* du 3 janvier 1712. Œuv. VIII, 43.
(2) *Lettre* du 1ᵉʳ décembre 1714. Œuv. VIII, 259.
    Lettre du 28 novembre 1711. Œuv. VIII, 37.

bouillons et des médicaments qui font grand bien aux directeurs. Ainsi qui peut deviner ce que votre homme est devenu ?

> ....*Jacet solo littore truncus*
> ....*et sine nomine corpus.*

Voilà le bombardier mis à la place du roi Priam,

> ...*Tot quondam populis terrisque superbum*
> *Regnatorem Asiæ.*

Vous voyez que je mêle Virgile avec Horace pour vous ramener en pays de connaissance (1) ».

Ce bombardier disparu fait songer à la guerre dont la Flandre était alors le théâtre. Mais d'autres passages de la correspondance nous en entretiennent aussi. Le bruit du canon parvient jusqu'à Cambrai : « Je ne vous vois plus, Monsieur, mais je vous entends de loin : vous imitez les foudres de Jupiter bien mieux que Salmonée (2). » Ailleurs n'assistons-nous pas aux agitations que causent les nouvelles multiples, presque toutes aussitôt contredites par d'autres, sur les mouvements des ennemis? « Ils sont ici ; ils sont là... Non, c'est une fausse marche; les voici revenus, ils repassent l'Escaut... Ils n'ont pas quitté le Sanzay, ils veulent assiéger Valenciennes ou le Quesnoy... C'est l'Artois qu'ils veulent surprendre par une marche dérobée (3) ».

Douai va être assiégé par les Français ; Fénelon fait une recommandation à Destouches en faveur des Jésuites : « Ils craignent votre artillerie pour

(1) *Lettre* du 13 février 1713. Œuv. VIII, 129.
(2) *Lettre* du 17 août 1711. Œuv. VIII, 17.
(3) *Lettre* du 3 mai 1712. Œuv. VIII, 64.

leur collège. Ce collège est la principale ressource de toutes les études de cette frontière : par cette raison le roi l'a toujours protégé avec de grandes attentions. Vous n'aimez point à faire du mal ; et je suis sûr que vous épargnerez tout celui que l'absolue nécessité du service ne rendra pas inévitable. Vous me ferez un sensible plaisir en tâchant de sauver ces bâtiments qui sont utiles au public. » Puis, car comment, avec un ami tel que Destouches, ne pas plaisanter un peu, même dans les choses graves ? « Oubliez, de grâce, le fouet que ces bons pères vous ont donné autrefois : vous le méritiez bien ; vous ne l'avez pas eu assez souvent, il n'y parait que trop : souvenez-vous de leur indulgence (1). »

Destouches est blessé à ce siège. Vives sont d'abord les inquiétudes de Fénelon. Mais il apprend que la blessure a moins de gravité qu'on ne l'avait craint d'abord ; toutefois il ne se rassure qu'à demi. « Je ne serai point en repos sur votre santé, mon cher malade, que je ne sache votre cuisse hors de tout péril d'escarre et d'incision. — Je suis en peine de votre contusion ; mais je suis ravi de ce qu'elle vous met hors d'état d'en aller chercher d'autres (2). » Destouches est envoyé aux eaux de Bourbonne : Si la déesse Salus était encore en crédit dans le monde, je lui ferais des vœux, je chargerais ses autels d'offrandes, je lui brûlerais des parfums d'Arabie ; je couronnerais les victimes de fleurs, et les portiques de son temple de

(1) *Lettre* du 14 août 1712. Œuv. VIII, 115.
(2) *Lettres* des 20 et 21 août 1712. Œuv. VIII, 1712. Œuv. VIII, 115, 116.

festons, pour votre guérison parfaite. Je ne veux pas vous voir marcher comme Vulcain. — Quand vous reviendrez, *ó qui complexus* (1). »

Destouches était lié depuis longtemps avec Houdar de La Motte, de l'Académie française, et lui montrait les lettres qu'il recevait de Fénelon. « Vous lui faites part de nos petits jeux épistolaires, écrit Fénelon. J'y consens pour un homme si digne d'entrer en tiers dans notre innocent badinage (2). » La Motte était charmé de ces lettres ; voici ce qu'il en disait : « Le cœur y parle à chaque ligne ; l'esprit s'y confond toujours avec la naïveté et le sentiment. Les conseils y sont riants sans rien perdre de leur force ; ils plaisent autant qu'ils convainquent ; et je donnerais volontiers les louanges les plus délicates pour des censures ainsi assaisonnées par l'amitié ; M. Destouches a dû vous dire combien nous vous aimions en lisant vos lettres (3). »

Fénelon répondit à ces aimables avances en invitant La Motte à venir à Cambrai : « Paris vous retient, vos amis disputent à qui vous aura, et ils ont raison. Je ne pourrais vous espérer à mon tour que par un enlèvement de la main de M. Destouches. Nous vous retiendrions ici comme les preux chevaliers étaient retenus par enchantement dans les vieux châteaux (4). — Le parti en est pris,

---

(1) *Lettres* des 21 et 30 septembre 1712. Œuv. VII, 117.

(2) *Lettre* du 22 novembre 1714. Œuv. VIII, 259.

(3) *Lettre de La Motte à Fénelon*, 3 novembre 1714, Œuv. VI, 654.

(4) *Lettre de Fénelon à La Motte*, 22 novembre 1714. Œuv. VI, 655.

répondit La Motte : je me fais enlever par M. Destouches, dès qu'il voudra bien se charger de moi, et j'irai me livrer aux enchantements de Cambrai (1). » Cette visite, qui semblait si bien arrêtée, ne se fit point : moins d'un mois après cette lettre, Fénelon avait cessé de vivre.

Si dans la plupart des lettres de Fénelon à Destouches nous ne voyons souvent qu'un commerce d'esprit, il en est cependant quelques-unes qui ont trait à une affaire de famille des plus sérieuses, un projet de mariage pour un des neveux de Fénelon : quel neveu ? Bien que nous ne le voyions pas nommé, c'est, sans aucun doute, le marquis de Fénelon. Son oncle lui souhaitait fort un bon établissement : Destouches avait un ami riche (2) ; il se mit en tête de faire épouser au marquis la fille de cet ami : c'était, pour un jeune colonel qui avait plus de mérite que de fortune, un parti plus avantageux qu'il n'aurait pu sans doute l'espérer dans d'autres temps. Mais la mort du Grand Dauphin avait rapproché du trône le duc de Bourgogne ; le roi d'ailleurs était âgé ; son petit-fils ne pouvait tarder à régner, et nul ne mettait en doute qu'il prendrait Fénelon pour ministre ; le pouvoir prochain de l'oncle aidait ainsi au mariage du neveu. Le projet d'union auquel travaillait Destouches était fort agréable à Fénelon. « Tenez votre ami en amour, écrit-il, c'est le vieux langage de Froissart pour dire, maintenez-le dans ses bon-

____

(1) *Lettre de La Motte à Fénelon*, 13 décembre 1714. Œuv. VI, 655.

(2) Il n'est désigné dans toutes ces lettres que sous ce titre d'ami.

nes dispositions (1). » Les pourparlers se prolongèrent ; l'affaire aurait pu être promptement conclue, car l'ami ne cessait de faire profession de la plus grande considération pour Fénelon : il se tiendrait pour fort honoré d'avoir avec lui une alliance de famille ; mais il répugnait à Fénelon de témoigner trop d'empressement.

L'accord définitif semblait prochain : l'abbé de Beaumont, chargé des dernières instructions de Fénelon, se préparait à partir pour Paris ; mais à ce moment même arrivait à Cambrai la nouvelle foudroyante de la mort du duc de Bourgogne. Fénelon comprit tout de suite que cet évènement pouvait, malgré les déclarations faites souvent par l'ami, tout rompre. Dans la douleur que lui causait la perte de son ancien élève, il écrit à Destouches : « Il me semble que tout ce que j'aime va mourir ». Et il ajoute : « L'abbé de Beaumont n'est point parti ; il n'a pas voulu me quitter dans cette triste occasion. De plus nous supposons qu'il ne s'agit plus de l'affaire, pour laquelle je vous avais promis qu'il partirait au plus tôt (2). »

Il ne s'était pas trompé : Destouches eut à lui annoncer qu'il ne fallait plus songer à ce mariage. Sans hésitation et sans aucun ménagement l'ami avait déclaré sa nouvelle résolution. Destouches était fort mécontent de cette manière d'agir ; Fénelon aurait pu très justement se montrer blessé : au fond il le fut sans doute un peu plus qu'il ne voulait l'avouer ; mais c'est lui même qui se charge

(1) *Lettre* du 23 janvier 1712. Œuv. VIII, 45.
(2) *Lettre* du 25 février 1712. Œuv. VIII, 48.

de prendre auprès de Destouches la défense de ce père ; il ne l'excuse pas seulement, il le justifie :

« Je ne saurais, Monsieur, condamner votre ami. Il est vrai qu'il était bien averti, et qu'il vous avait promis de renoncer à toute prétention de tirer jamais parti de moi pour ses intérêts. Mais il faut distinguer ses intérêts d'ambition d'avec le solide établissement de sa fille : en renonçant à toute intrigue de ma part pour son ambition, il ne renonçait pas aux avantages qu'un certain crédit pouvait naturellement procurer à son futur gendre. Il est naturel qu'un bon père veuille établir sa fille avec les avantages proportionnés à son bien. Quand on trouve fort peu de bien dans un gendre, on veut au moins y trouver quelque ressource de crédit, qui fasse espérer un prompt avancement. Pendant que votre ami avait espérance de crédit, pour se consoler du bien, il cherchait volontiers ce qu'il croyait n'être pas sans quelque mérite ; mais, quand cette ressource ne subsiste plus, tout manque à la fois ; et un père ne doit pas, par une générosité mal entendue, sacrifier sa fille à un point d'honneur imaginaire. L'espérance d'avancement tenait lieu de bien à l'homme qui n'en a pas ; dès que cette espérance tombe, un père sage ne peut plus vouloir ce qu'il voulait. Je ne saurais blâmer son changement ; je vous avoue même que j'aime beaucoup mieux qu'il vous l'ait signifié d'abord sans détour, que s'il avait pris le parti de reculer insensiblement. J'ai compté, dès le premier jour, sur son changement ; je l'ai dit d'abord à l'abbé de Beaumont comme une chose qui devait arriver naturellement, et vous savez ce que je vous ai

écrit en le supposant. Votre ami n'a besoin d'aucune justification ; je demeure content de son procédé, et même fort sensible à la bonne opinion
qu'il a paru avoir de nous. Voilà la disposition où
je veux, demeurer sincèrement à son égard. Au
reste il doit, si je ne me trompe, nous savoir quelque gré de ce que nous n'avons pas accéléré l'exécution de sa bonne volonté pour nous. Si nous
eussions voulu aller aussi vite qu'il le désirait, les
choses auraient été achevées avant le malheur qui
est arrivé; et il serait maintenant dans un repentir
inutile de s'être tant hâté. En vérité, je suis fort
aise de ce que notre procédé, éloigné de tout empressement, est cause qu'il n'est pas tombé dans ce
mécompte, qui aurait fait un grand mésaise entre
lui et nous pour toute la vie. J'aime cent fois mieux
un peu moins d'abondance avec des cœurs plus
libres et plus contents. Le jeune petit homme n'est
nullement pressé ; au contraire, c'était un grand
inconvénient qu'il s'engageât dans une si grande
jeunesse. S'il meurt, il n'aura plus besoin de rien;
et s'il vit, il peut espérer qu'à force de patience et
d'application il pourra se rendre digne de quelque
avancement. Je vous dirai même, comme à un ami
qui a la bonté d'y prendre part, que dans peu d'années son bien ne sera pas si méprisable ; ce qu'il
aura sera sans dettes ni procès. Vous voyez tous
les jours des gens qui passent pour gros seigneurs,
et qui en auraient peut-être moins de reste que
lui s'ils payaient leurs dettes. Enfin je vous prie
de croire que je ressens jusqu'au fond du cœur la
bonté que vous avez eue de nous vouloir procurer
un bien considérable ; votre procédé ressemble à

votre cœur : c'est la plus solide louange que je puisse lui donner. Pour votre ami, je vous conjure de ne lui savoir aucun mauvais gré de son changement : son sort est tout au plus d'avoir trop espéré d'un appui fragile et incertain : c'est sur ces sortes d'espérances incertaines que les sages mondains ont coutume de hasarder certains projets. Quiconque ne passerait pas de telles choses aux hommes deviendrait misanthrope : il faut éviter pour soi de tels écueils dans la vie, et les passer facilement à son prochain. Jugez par mes sentiments d'indulgence et d'approbation pour votre ami, des sentiments de la plus vive tendresse avec lesquels je vous suis dévoué sans réserve (1)».

Dans toute cette lettre, remarquons-le, pas un mot qui trahisse de l'humeur ou de l'amertume : *sages mondains*, c'est l'expression la plus forte qu'il se permette pour juger le mauvais procédé dont on a usé à son égard. S'il ne se donnait la satisfaction de faire savoir (est-ce une petite vengeance ? on n'en trouverait pas de plus légitime ni de plus innocente) que ce neveu, dont on ne veut pas, sera cependant dans peu d'années, avec un bien *non méprisable, sans dettes, ni procès*, plus riche peut-être, en fin de compte, que beaucoup de gens regardés comme de *gros seigneurs*, on pourrait le croire indifférent à tout ce qui vient de se passer. Il a pourtant, quoiqu'il ne s'en plaigne pas, ressenti l'injure ; car à Destouches, qui espérait faire revenir son ami sur sa décision : « Vous pouvez compter, dit-il, que je refuserai de me rengager

____

(1) *Lettre* du 3 mars 1712. Œuv. VIII, 52.

dans tous les cas. N'en parlez point ; cette déclaration blesserait : il faut le faire sans le dire ; les manières les plus simples et les plus condescendantes me paraissent les plus nobles (1) ».

Bien que les lettres de Fénelon à Destouches ne nous aient pas toutes été conservées, nous en avons plus de soixante ; mais de Destouches aucune. Nous le regrettons fort, car Fénelon (et on peut l'en croire, il avait le droit d'être difficile) les déclare charmantes. « Rien n'est plus joli qu'une conversation libre en lettres avec vous. — On vous y reconnaît d'abord avec ces grâces vives, libres et ingénues qui vous sont propres (2) ». Il le complimente même pour une « admirable chanson », telle « que les anciens n'en faisaient point de cette espèce, et qu'il préfère à toutes les odes d'Anacréon et d'Horace (3) ».

Quel dommage que nous n'entendions qu'un des deux interlocuteurs ! Mais les lettres de Fénelon, à elles seules, quoique l'absence de celles de Destouches leur ôte une partie de leur intérêt, sont encore d'une lecture des plus piquantes. Dispersées, et pour ainsi dire perdues dans une vaste correspondance, elles sont trop peu connues : si l'idée venait à quelque éditeur de les réunir pour en faire un volume à part, elles auraient de nombreux lecteurs, nous n'en doutons pas ; et pour beaucoup, qui se figurent un Fénelon ne se dépouillant jamais de son sérieux et de sa gravité, ce serait comme une révélation.

(1) *Lettre* du 18 mars 1712. Œuv. VIII, 55.
(2) *Lettres* du 3 janvier 1712, 17 mars 1713. Œuv. VIII, 43, 134
(3) *Lettre* du 6 février 1814. Œuv. VIII, 220.

Omnis Aristippum decuit color, a dit cet Horace, que Fénelon, dans ses lettres à Destouches, se plait à citer si souvent. Sans faire de Fénelon un Aristippe, il faut reconnaître qu'il a excellé dans l'art d'approprier son langage à l'esprit et au caractère des divers personnages en rapport avec lui, de les conquérir. Les deux derniers dont nous aurons eu à parler, Ramsay et Destouches, ne témoignent-ils pas entre tous de cette faculté merveilleuse que possédait Fénelon, de s'attacher les plus dissemblables? Quel contraste, en effet, entre cet Ecossais austère et méditatif, et ce Français d'humeur vive et légère ! Qu'on se les représente l'un et l'autre en conversation avec Fénelon, et il y a en effet toute apparence que parfois ils furent ses hôtes aux mêmes heures : quel pouvoir de séduction chez celui qui savait les charmer également tous les deux !

CHAPITRE XIII

1699-1707

Tout ce que nous avons dit de Fénelon, dans les précédents chapitres, se rapporte à l'ensemble de sa vie, de son administration, de ses travaux, dans toute la durée de son épiscopat. Mais en dehors du cours régulier et uniforme des occupations de tous les jours, il y a les faits particuliers, les incidents, qu'il faut connaître si nous voulons avoir l'exacte histoire de Fénelon. Ici nous avons surtout à suivre l'ordre chronologique.

Fénelon avait-il cru d'abord que la disgrâce qui

l'éloignait de Versailles serait perpétuelle? Rien
de moins probable, si on lit un peu attentivement
sa correspondance avec M. de Chantérac. Il a beau
dire qu'il chante le cantique de délivrance, qu'il ne
pense ni de près ni de loin à retourner à la cour,
qu'il le craint même (1) : le désir et l'espérance d'y
revenir se trahissent souvent dans ses lettres (2)·
Il semble même que l'un des motifs qu'il a de
souhaiter si fort que Rome lui donne raison,
c'est que ce jugement agirait sur l'esprit de Louis
XIV, et le ferait revenir sur sa décision.

Cette opinion que Fénelon ne supporta pas sans
peine la défaveur royale, et que l'exil auquel il
était condamné lui fut plus amer qu'il ne voulait
l'avouer, contrarie sans doute les idées de certains
admirateurs de Fénelon, qui voudraient se le
représenter comme déjà détaché des choses humaines. Nous la croyons cependant exacte. Esti-
merons-nous moins l'exilé, parce qu'il a ressenti vivement les tristesses de l'exil? Non pas que la cour
eût pour lui les mêmes attraits que pour les âmes
vulgaires : il y avait vécu sans se mêler au monde
des courtisans, et comme dans une sorte de retraite,
mais une retraite partagée avec de précieux amis.
Non seulement ses affections les plus chères étaient
à Versailles; mais c'est là encore qu'il pouvait, dans
la conversation des gens les plus distingués, goûter
pleinement ces jouissances de l'esprit auxquelles

(1) *Lettres à M. de Beauvilliers*, 30 novembre 1699. Œuv. VII,
219 ; à *M. de Chantérac*, 8 décembre 1697, et 3 avril 1698. Œuv.
IX, 266, 368.

(2) *Lettres à M. de Chantérac*, 14 novembre et 5 décembre 1698,
9 janvier et 6 mars 1699. Œuv. IX, 585, 607, 640, 697, 698.

il était si sensible. Que de privations ! Pour ne
pas les ressentir vivement il aurait fallu être plus
qu'un chrétien, un saint ; et combien en est-il,
même parmi les meilleurs, qui atteignent à ce
degré de perfection ! Fénelon, du moins, montra une constante résignation ; sous la sérénité
de son visage on crut parfois deviner de secrets
ennuis (1) ; mais jamais il ne laissa échapper une
expression de plainte ou de regret.

Non seulement Fénelon ne pouvait plus jouir de la
présence de ses amis (2), mais même les relations
par correspondance lui étaient presque interdites :
sa disgrâce pouvait mettre en péril ceux avec
qui il aurait eu un commerce de lettres trop suivi :
par intérêt pour eux, et quoi qu'il pût lui en coû-
ter, il s'abstint pendant assez longtemps de leur
écrire (3) : c'est ainsi que l'affection qui l'unissait à
M. de Beauvilliers restant toujours la même, il dut
cependant n'avoir plus guère avec lui que des relations indirectes. Mais même avec ceux que leur
position mettait mieux à l'abri du danger, il fallait user d'infinies précautions : d'abord pour l'envoi des lettres, se garder le plus possible de la
poste, même quand elles ne sont que de simples

(1) « Je crois, pour moi, que c'est le chagrin qui le ronge ; car,
outre la maigreur, il a l'air très mortifié ; et dans la demi-journée
que j'ai été avec lui, et au retour d'un voyage qui le devait
dissiper, il n'est pas sorti de sa profonde mortification, quoique
ses manières fussent aisées et polies, mais avec le visage d'un
saint Charles. » Le Dieu, III, 159.

(2) « Quand on a la peste, écrit-il, on craint de la donner aux
gens qu'on aime. » *Lettre à Madame de Montbéron.* 15 mars 1700.
Œuv. VIII, 618.

(3) Nous avons vu comment il s'excuse auprès du P. Lami de
de son long silence.

condoléances : ne les confier qu'à des mains sûres (1) ; elles n'arrivent ainsi quelquefois qu'un mois après leur date (2). Ce n'est pas tout : on empruntera pour écrire une main inconnue (3) ; on s'exprimera en style énigmatique (4) ; on emploiera des noms de convention (5) ; on créera tout un chiffre (6). Pour dernière sûreté enfin, la recommandation de brûler les lettres (7). Cette recommandation, heureusement, n'a pas toujours été suivie : nous y aurions perdu beaucoup de lettres fort intéressantes.

Quoique vaincu dans l'affaire du Quiétisme, Fé-

(1) *Lettres à M. de Beauvilliers*, 30 novembre 1699 ; à *M. de Chevreuse*, 18 août 1701, 16 mai 1703. Œuv. VII, 219, 229, 240. — Dans une *lettre à M. de Louville*, 10 octobre 1701. Œuv. VII, 546, Fénelon donne de minutieuses instructions sur la façon dont il faudra s'y prendre pour assurer le secret de leur correspondance. M. de Louville mettra sur une première enveloppe *A M. l'abbé de Chantéraque* (on a soin de changer l'orthographe du nom) ; puis sur une seconde : *Au R. P. de Montazet, provincial des Carmes, à Bordeaux*. M. de Montazet enverra le paquet à son neveu, à Paris, lequel à son tour le remettra à Mme de Chevry, et celle-ci enfin le fera parvenir à destination par des voies très sûres.

(2) *Lettre de Fénelon à M. de Chevreuse*, 30 décembre 1699. Œuv. VII, 221.

(3) *Lettres de Fénelon à M. de Chevreuse*, 10 et 24 février 1710 Œuv. VII, 303, 307.

(4) *Lettres de Fénelon à M. de Chevreuse*, 6 juillet et 3 décembre 1711. Œuv. VII, 346, 365.

(5) Ainsi *M. Cousin*, c'est Louis XIV ; *la supérieure des Ursulines*, Mme de Maintenon ; *M. Pochart*, le cardinal de Noailles ; etc. ; Voir, Œuv. X, 171, la liste de la plupart de ces noms supposés.

(6) Dans une *lettre à Fénelon*, 27 février 1712, Œuv. VIII, 49, le P. Daubenton donne des explications sur l'emploi d'un nouveau chiffre.

(7) *Lettre de M. de Chevreuse à Fénelon*, 9 avril 1709. Œuv. VII, 290.

nelon n'était pas amoindri autant qu'il l'avait cru
d'abord : il s'était exagéré les conséquences futures
de sa condamnation : elle ne le fit pas déchoir du
rang élevé où l'avait placé depuis longtemps l'opinion publique. Le merveilleux talent qu'il avait
déployé dans sa controverse avec Bossuet, puis la
manière dont il avait accepté la décision du juge,
lui avaient même donné de nouveaux admirateurs.
Innocent XII, qui ne l'avait condamné qu'à regret,
avait été singulièrement touché de tout ce qu'on
rapportait de sa soumission si prompte et si entière.
Songea-t-il à le faire cardinal? La chose, au premier abord, peut paraître assez peu vraisemblable:
l'honorer de la pourpre, sitôt après le jugement
rendu contre lui, ne serait-ce pas, on pouvait du
moins le craindre, infirmer en quelque sorte ce
jugement? Cette considération n'aurait pas cependant arrêté le pape, s'il faut en croire l'abbé de
Beaumont, qui affirme que ce qui seul empêcha le
pape de donner le chapeau à Fénelon, fut la
crainte de mécontenter Louis XIV, et de le rendre
encore plus implacable pour le prélat disgràcié (1).
D'après Saint-Simon, il fut en effet très sérieusement question à Rome du cardinalat pour Fénelon (2). Mais ce qui est décisif en ce point, c'est le
témoignage de Gabrielli, qui, en écrivant à l'abbé
de Chantérac, lui dit formellement : « Apprenez
ceci à votre grand étonnement *(hoc scias et obstu-
pescas)*, le pape naguère a déclaré qu'il voulait faire
cardinal l'archevêque de Cambrai (3) ». Gabrielli

(1) *Lettre au marquis de Fénelon*, 1732. Œuv. X, 56.
(2) *Mémoires*, II, 285.
(3) *Lettre* 9 janvier 1700. Œuv. VII, 533.

ajoute même que c'est la publicité donnée à cette déclaration qui fait que les intentions du pape ne se sont pas encore réalisées : l'ambassade française en effet s'était mise en mouvement pour y faire obstacle.

Un peu plus tard on crut à Versailles que Philippe V songeait à désigner son ancien précepteur pour un des chapeaux à la disposition de la couronne d'Espagne. Aussitôt M. de Torci écrivit à Louville pour qu'au nom de Louis XIV il détournât Philippe V de cette idée, s'il l'avait réellement (1).

Après Innocent XII, Clément XI eut les mêmes dispositions favorables à l'égard de Fénelon, comme l'atteste Quirini, qui raconte que, dans une conversation qu'il eut avec le pape, celui-ci manifesta clairement sa résolution d'élever Fénelon au cardinalat (2). Mais il attendit, sans doute à cause de l'opposition bien connue de Louis XIV : il attendit trop longtemps : Fénelon vint à mourir.

Ainsi, des deux plus grands évêques du siècle de Louis XIV, ni l'un ni l'autre ne reçut la pourpre qu'il aurait honorée plus encore qu'il n'en eût été honoré, Fénelon pour avoir eu le malheur de déplaire au roi, Bossuet parce qu'il ne fut pas sans doute jugé d'assez haute naissance.

Innocent XII mourut le 27 septembre 1700. Il fut remplacé, le 23 novembre suivant, par le cardinal Albani, qui prit le nom de Clément XI. Si jamais

---

(1) *Mémoires de Louville.* VI.

(2) Eos de doctrina et pietate Fenelonis sensus e sanctissimo pectore deprompsit, unde facile mihi innotesceret cogitationem de illo præsule ad cardinalatum evehendo pontificia mente jam repositam manere. *Commentaire historique,* 2e *Partie, I, 4.*

on vit un pape élu malgré lui, ce fut certainement
celui-ci ; mais plus il se refusait à accepter la tiare,
plus on l'en jugeait digne. Il ne céda aux suffrages
unanimes du sacré collège qu'après une assez longue résistance (1), et il ne se consola pas de si tôt
de son élévation au trône pontifical : le cardinal Gabrielli, dans ses lettres à Fénelon, donne de très
intéressants détails sur cette élection et sur le
caractère de Clément XI. Fénelon se réjouissait de
voir à la tête de l'Eglise un chef aussi éminent par
ses vertus et par ses lumières (2) ; mais il avait un
motif particulier de satisfaction : Albani, quoiqu'il
eût été un des juges qui avaient condamné le livre
des *Maximes*, avait toujours marqué la plus haute
estime pour l'archevêque de Cambrai, et son désir
de lui rendre service (3).

Fénelon écrivit au pape pour le féliciter de son
élection. Il reçut en réponse un bref que nous
n'avons plus ; mais nous savons, par de nombreux
témoignages, que toujours Clément XI tint Fénelon en fort grande considération.

Les marques de bienveillance que Fénelon recevait de Rome devaient relever son courage. Il ne
se plaignait pas, il gardait un visage serein ; était-

(1) « Non semetipsum clarificavit ut pontifex fieret, qui repen-
tino et unanimi omnium voto per triduum vim passus est. » *Lettre
de Fénelon au pape Clément XI*, 6 mai 1701. Œuv. VII, 544.

(2) L'abbé de Chantérac, *lettre à Fénelon* d'avril 1699. Œuv.
X, 17, trace le portrait de plusieurs cardinaux papables. Il fait
d'Albani un éloge sans réserve.

(3) Il lui écrivait le 11 août 1699, Œuv. X, 37 : « Illustrissimam
Dominationem tuam, ob tuas egregias dotes, peculiari æstima-
tione persequor, eidemque inserviendi desiderio teneor..... Meam
in tui servitium paratissimam voluntatem ut data occasione
experiaris, rogo. »

il cependant aussi résigné qu'il paraissait l'être ?
Il lui arrive de laisser échapper des paroles qui
trahissent un fond de tristesse : « Je suis dans une
paix sèche, obscure et languissante, sans pensée,
sans ennui, sans plaisir, d'en avoir jamais aucun,
sans aucune vue d'avenir en ce monde, avec un
présent insipide et souvent épineux (1) ».

Sans aucune vue d'avenir en ce monde : remarquons ces dernières expressions ; ne pourrait-on y
voir comme un involontaire aveu d'espérances,
auxquelles il faut renoncer ?

Fénelon a-t-il été ambitieux ? C'est une question sur laquelle il convient de nous arrêter un
instant. Pour beaucoup de ses admirateurs, croire
qu'il ait pu désirer le pouvoir et en rêver la possession, c'est lui faire injure ; à leurs yeux il est resté
étranger à toutes préocupations de ce genre ; elles
étaient indignes de son caractère ; et Saint-Simon
l'a calomnié quand il l'a représenté comme ayant
eu beaucoup d'ambition.

Le mot d'ambitieux sonne mal aux oreilles, nous
en convenons, et nous hésitons à l'employer à propos de Fénelon. Sans aucun doute, si on veut entendre par là l'homme qui, dans sa recherche
d'honneur et de fortune, poursuit surtout son intérêt et ses satisfactions d'amour-propre et d'or-
gueil, cet homme ne ressemble en rien à Fénelon.
Mais n'y a-t-il pas une ambition légitime et même

(1) *Lettre à Madame de Montbéron*, 8 novembre 1700. Œuv.
VIII, 625. Voir encore deux autres lettres, l'une, *lettres spirituelles
CCXXIII*, l'autre à *Madame de Montbéron CCCXV*. Œuv. VIII,
590 et 640 : elles sont curieuses : Fénelon y décrit son état intérieur.

louable, celle qui consiste à souhaiter d'être investi d'assez d'autorité pour faire le plus de bien possible?

Qui episcopatum desiderat, bonum opus desiderat, a écrit saint Paul. Désirer le pouvoir, sans aucune préoccupation d'avantages personnels, et uniquement pour les services publics que l'on peut rendre, pour les réformes que l'on peut opérer, est-ce une ambition qui ne se puisse avouer? N'a-t-elle pas de quoi tenter un cœur généreux?

Quand il fut clair aux yeux de tous que l'affection du duc de Bourgogne pour son ancien précepteur était persistante, personne ne mit en doute que Fénelon plus tard serait ministre : il était impossible qu'il ne le crût pas lui-même ; il eût été le seul à ne pas prévoir ce que lui réservait le règne futur. Dès lors il put, dans son for intérieur, se préparer au rôle, non d'un Richelieu ou d'un Mazarin, mais d'un Suger ou d'un cardinal d'Amboise. Fénelon avait donné de 'sages préceptes pour le bonheur des peuples : c'était bien ; mais aider Télémaque à en faire l'application même, c'était mieux encore.

Malgré tant d'autres travaux qui pouvaient absorber son activité, Fénelon s'occupa de politique, non pas d'une façon générale, théorique, mais à la manière d'un ministre qui examine de près l'état des choses pour s'en rendre un compte exact, pour prévoir les événements et les diriger. De là, sans parler des plans de gouvernement que trace Fénelon (nous y reviendrons plus tard), ces mémoires qu'il écrit et où il s'efforce d'indiquer, en face de chaque situation délicate et difficile, et après en avoir fait une étude approfondie, les mesures qu'elle comporte, les résolutions qu'il convient de prendre.

A raisonner ainsi des affaires d'État, sur lesquelles il semble qu'il lui était impossible d'agir, n'était-ce qu'une satisfaction toute platonique que se donnait Fénelon ? Nullement : il espérait bien faire pénétrer ses avis jusque dans les conseils de la royauté ; et en effet, si étrange que cela puisse paraître au premier abord, de son exil, où il était comme abîmé, il exerçait encore, ainsi que nous allons l'expliquer, sur les choses politiques une influence qui, pour n'être soupçonnée de personne, n'en était pas moins réelle.

Saint-Simon dans ses *Mémoires* (1) nous révèle un fait curieux : « Dans un voyage de Fontainebleau, dit-il, je découvris un secret qui n'a été su que de bien peu de personnes intimes : c'est que le duc de Chevreuse était ministre d'État sans en avoir l'apparence et sans entrer au Conseil. A la fin je m'en doutai ; ses conférences si fréquentes à Fontainebleau avec Pontchartrain, l'aveu qu'ils me firent l'un l'autre de ce qui s'y traitait, achevèrent de me persuader que je ne me trompais pas en croyant le duc de Chevreuse ministre. Je me hasardai de le dire nettement au duc de Beauvilliers, qui dans sa surprise me demanda avec trouble d'où je le savais, et qui enfin me l'avoua sous le plus profond secret. Dès le jour même je me donnai le plaisir de le dire au duc de Chevreuse. Il rougit jusqu'au blanc des yeux, il s'embarrassa, il balbutia ; il finit par me conjurer de garder sur cela

(1) VI, 183-185.

un secret impénétrable, qu'il ne put me dissimuler plus longtemps : je sus enfin par eux-mêmes qu'il y avait plus de trois ans, même quatre, que les ministres des affaires étrangères, de la guerre, de la marine et des finances, avaient ordre de ne lui rien cacher, les deux premiers de lui communiquer tous les projets et toutes les dépêches, et tous quatre de conférer de tout avec lui. Il entrait très souvent chez le roi par les derrières, souvent aux heures ordinaires. Il avait des audiences du roi longues dans son cabinet, tantôt retenu par le roi, tantôt y restant de lui-même quand tous en sortaient. »

Le mystère, que Saint-Simon avait fini par pénétrer, n'en était pas un sans doute depuis long-temps pour Fénelon. On ne comprendrait pas que lié comme il l'était avec les ducs de Chevreuse et de Beauvilliers, ils ne lui eussent pas fait une pleine confidence. On voit d'ailleurs, par la correspondance, que Fénelon sait que M. de Chevreuse est en situation de ne rien ignorer et de pouvoir beaucoup. « Je n'aurai jamais rien de secret pour vous », lui écrit M. de Chevreuse dans une lettre, qu'il lui recommande de brûler après l'avoir lue, et il entre dans des détails tout particuliers sur la conduite et le caractère de divers membres du Conseil, et sur les espérances de paix (1) ».

Louis XIV, dit-on, avait cette faiblesse de repousser quelquefois l'avis d'un de ses ministres, uniquement pour que l'on ne pût croire qu'il était mené. Avec le duc de Chevreuse il n'avait pas à prendre cette précaution ; en tout ce qu'il déciderait

____

(1) *Lettre* du 9 avril 1709. Œuv. VII, 290.

personne ne pourrait deviner une suggestion du
duc : l'incognito servait le ministre ; pour être
caché et invisible, son crédit n'en était que mieux
établi. Dans quelle mesure M. de Chevreuse influa-
t-il sur les idées et les résolutions de Louis XIV ?
Il serait impossible de le dire ; mais certainement
en plus d'une occasion il dut être écouté.

Mais lui-même à quelle impulsion obéissait-il ?
Nous savons que de cœur et d'esprit il appartenait
tout entier à Fénelon. Ce qu'il apportait au roi,
c'étaient les idées mêmes de M. de Cambrai. Il discute rarement les idées de Fénelon, et il finit par
les adopter : il n'était que son fidèle interprète.
Quel n'eût pas été l'étonnement de Louis XIV, s'il
avait jamais découvert qu'un de ses principaux
conseillers politiques, l'un de ceux auquel il accordait peut-être le plus de confiance, était ce prélat
dont il ne souffrait même guère qu'on lui rappelât
le nom ?

On comprend maintenant comment Fénelon ne
se livrait pas à un vain travail en écrivant ses mémoires, qu'il envoyait en grand secret à M. de
Chevreuse, et dont M. de Chevreuse s'inspirait dans
ses rapports et ses entretiens avec le roi et ses
ministres.

Le premier de ces mémoires est du mois d'août
1701 (1). Le roi d'Espagne, Charles II, avait par
son testament institué le duc d'Anjou son héritier.
La maison d'Autriche, qui avait convoité cette
succession pour un de ses archiducs, déclara la

____

(1) Œuv. VII, 149-156.

guerre à la France. L'Europe presque tout entière était effrayée de l'accroissement de puissance de la maison de Bourbon. L'Angleterre surtout et la Hollande étaient mécontentes. On en était à ce moment où l'on pouvait redouter qu'une coalition ne se formât contre la France. Toute espérance d'éviter une guerre générale n'était cependant pas encore perdue. Fénelon cherche par quels moyens cette gnerre pourrait être prévenue. Voici les points sur lesquels il insiste : la nécessité de bien persuader à l'Europe que Louis XIV « met toute sa gloire à conserver , sans démembrement, sur la tête de son petit-fils, une monarchie qui s'est livrée à lui qu'il n'en retiendra jamais, pour quelque cause que ce soit, un pouce de terre ».

Il est essentiel encore de ménager les susceptibilités des Espagnols, et de ne point paraître vouloir les gouverner. Les princes d'Allemagne ne se sont pas encore déclarés pour la maison d'Autriche : il ne faut rien négliger pour qu'ils gardent la neutralité ; au besoin même il faut l'acheter, en leur donnant de l'argent. « Quelque dépense, ajoute Fénelon, que vous fassiez une ou deux années, ce n'est rien pour éviter une guerre de dix ans : c'est mettre de l'argent à usure ». On voit qu'il avait prévu, dès le commencement, les longues calamités que la guerre devait entraîner.

Vers la fin de 1701 nous voyons Fénelon sortir de son diocèse pour aller passer quelques jours dans un diocèse voisin. « Je pars pour Tournai, écrit-il le 11 octobre ; et le 6 novembre : « Notre mission de Tournai s'est assez bien passée ; et la ville m'a paru assez contente de moi... Je vais, je

parle, je fais des civilités (1) ». Etait-il allé prêcher à Tournai, comme le mot de mission sem-
blerait le faire croire ? Etait-ce simplement une
visite de métropolitain ? Mais ce qu'il faut noter,
c'est que l'évêque de Tournai, comme nous le
voyons par la seconde de ces lettres, était alors
absent. Il y a là quelque chose de singulier que
nous ne pouvons nous expliquer.

L'une de ces questions délicates, comme il s'en
présentait beaucoup dans les rapports des rois
avec l'Église, vint occuper Fénelon en 1702. En
vertu de ce qu'on appelait le *droit de joyeux avènement*, un nouveau roi nommait au premier cano-
nicat vacant dans une église cathédrale ou collégiale. Ce droit, reconnu en France, n'avait pas été
encore exercé dans les pays récemment conquis ;
mais en 1700, un prêtre du diocèse de Laon, Hubert
d'Artaise, fut nommé par le roi à la première
prébende qui viendrait à vaquer à l'église de Saint-
Géry. Une vacance s'étant produite en effet,
d'Artaise fit signifier son brevet au chapitre. Le
chapitre protesta, ne voulant pas admettre que le
droit de joyeux avènement pût s'appliquer à des
églises qui n'y avaient jamais été soumises. De là
procès. Fénelon, à cette occasion, composa pour
la défense de son chapitre un mémoire (2) ; mais
il ne vit pas la fin de l'affaire, qui dura si longtemps
qu'elle ne se termina qu'en 1717, par un arrêt du
Conseil de régence, décidant qu'il ne serait pas fait

---

(1) *Lettres à M. de Langeron*, Œuv. VII, 550, et à *M. de
Beaumont*, Œuv. VII, 419.

(2) Œuv. VIII, 314-333.

d'exception en Flandre pour le droit de joyeux avènement.

Nous avons raconté la première entrevue du duc de Bourgogne avec son ancien précepteur. On félicitait Fénelon; mais il semble cependant que cette entrevue lui laissa autant de tristesse que de joie. Il écrit à Mme de Montbéron : « J'ai vu aujourd'hui, après cinq ans de séparation, M. le duc de Bourgogne; mais Dieu a assaisonné cette consolation d'une très sensible amertume, en voyant... Je n'ai aucun plaisir qui ne porte avec lui sa croix ». Remarquez cette réticence, *ne voyant* ». Et le lendemain : « Ce qui paraît un adoucissement n'en est pas un ; mais il faut prendre chaque chose comme elle vient, et se laisser sans réserve à la Providence ». Puis encore quelques jours après : « La révèrence que j'ai faite à M. le duc de Bourgogne n'est pas, Madame, ce que vous croyez : il s'en faut bien que ce soit un véritable adoucissement de mes affaires ; mais il faut demeurer en paix (1) ». Pas un mot de plus ; mais c'est assez pour faire deviner un secret chagrin, peut-être une déception.

Le public cependant prévoyait déjà pour Fénelon un grand retour de fortune dans l'avenir; les gens de cour commencèrent à moins craindre de se compromettre s'ils allaient à Cambrai ; et c'est à partir de ce moment que les visites, de jour en jour plus nombreuses, affluèrent au palais archiépiscopal.

Le second mémoire politique de Fénelon fut

____

(1) *Lettres des 26 et 27 avril, et 3 mai 1702.* Œuv. VIII, 649.

écrit dans les premiers mois de cette année
1702 (1). Fénelon y fait la revue des généraux que
l'on pourra employer dans la campagne qui va
s'ouvrir. On ne peut qu'être frappé de la justesse
de ses appréciations. Il ne se laisse pas guider par
l'opinion publique, souvent injuste ou mal rensei-
gnée. C'est ainsi qu'il n'hésite pas à recommander Catinat tombé en disgrâce. Il démêle très bien
que ce maréchal n'a pas démérité autant qu'on l'a
cru. « Dans une telle disette de sujets M. de Catinat ne doit pas être laissé en arrière. Quand même
il aurait fait bien des fautes, (ce que je ne sais pas),
il faudrait en juger par comparaison aux autres. »

Les trois ou quatre années qui suivent ne nous
présentent rien que nous ayons à signaler ici en
particulier. Mais l'année 1706 nous montre Fénelon
en relations assez suivies avec le cardinal de Bouillon. Nous avons vu que, dans l'affaire du Quiétisme, le cardinal, tout en affectant la neutralité,
était au fond pour Fénelon et s'efforçait de le servir. Il n'avait pu s'en cacher assez bien pour qu'on
ne le sût pas, et cela avait été une des premières
causes de sa disgrâce. Depuis par toute sorte de
démarches imprudentes il avait achevé d'exciter
contre lui la colère du roi. Il n'avait gardé aucun
rapport avec l'archevêque de Cambrai, quand il
eut l'idée de lui écrire après un silence de huit à
neuf années. La similitude de leurs situations l'engageait sans doute à prendre pour confident de
ses doléances Fénelon, auquel il ne ressemblait
guère pour la dignité à supporter l'infortune. Il lui

____

(1) Œuv. VII, 156-158.

conte donc toutes les injustices dont il a été victime, et pour l'intéresser davantage en sa faveur, il a soin d'insinuer que les malheurs qui sont tombés sur lui doivent leur origine à ceux de Fénelon, « lesquels sont aussi d'une nature bien surprenante » : ils ont l'un et l'autre les mêmes ennemis (1). »

La réponse de Fénelon est fort curieuse. On y voit combien contrastent les deux personnages. Après avoir assuré le cardinal de tout son dévouement ;

« Puisque Votre Éminence a bien voulu m'ouvrir son cœur, j'espère qu'elle ne trouvera pas mauvais que je lui ouvre à mon tour le mien avec respect. Je vous trouve heureux dans votre malheur apparent, pourvu que vous en fassiez l'usage pour lequel Dieu l'a permis. Pendant que je vous voyais autrefois dans une prospérité dangereuse, je vous trouvais à plaindre, sans vous le dire. Maintenant vous êtes loin du monde trompeur, dans une solitude où vous pouvez écouter Dieu, vous détacher de la vie, faire un saint usage de vos grands revenus, et faire honneur à la religion par des vertus dignes d'un doyen du sacré-collège. On doit toujours être affligé d'avoir déplu au roi, quelque bonne intention qu'on ait eue. On ne doit jamais cesser de prier pour lui avec zèle, et d'être prêt à donner sa vie pour son service. Mais on ne perd guère en perdant l'amusement du monde ; on ne perd que de faux amis ; c'est gagner beaucoup. Si peu qu'on pense sérieusement à Dieu, on doit sen-

---

(1) *Lettre* du 26 décembre 1705. Œuv. VII, 606-608.

tir de la consolation à être loin de ses ennemis et
de ceux de notre salut. Votre sort est dans vos
mains, Monseigneur : soyez patient, non par des
espérances trompeuses du côté du monde, mais
par un sincère détachement et par une véritable
confiance en Dieu. Occupez-vous utilement ; délas-
sez-vous innocemment en certaines heures. Oserai-
je achever ? Oubliez le monde ; laissez-le vous
oublier. Votre disgrâce soufferte en silence, avec
simplicité, humilité et persévérance, vous fera
plus d'honneur que toutes vos dignités et que toute
votre faveur passée (1). »

Le cardinal avait voulu être plaint, et voilà qu'on
le félicitait de ce qu'il considérait comme un malheur intolérable. Il fut vivement piqué, et il ne put
s'empêcher de le laisser voir, trop même dans la
lettre qu'il écrivit ensuite à Fénelon. Il prend le ton
de l'ironie ; mais il déguise mal le profond mécon-
tentement qu'il avait ressenti des exhortations
chrétiennes qui lui étaient adressées. Il y a même
des insinuations blessantes pour Fénelon (2). Il
semble que toute correspondance entre eux aurait
dû finir. Mais le cardinal revint bientôt à de meilleurs sentiments ; il ne pouvait, après réflexion,
s'empêcher de rendre justice à la piété et au caractère de Fénelon. Il lui écrivit donc de nouveau, et
il l'appelle « l'un des plus méritants archevêques,
et selon moi le plus méritant de l'Église de
Dieu (3). » Depuis le cardinal ne cessa de témoi-

(1) *Lettre* du 16 février 1706. Œuv. VII, 609.
(2) *Lettre* du..... 1706. Œuv. VII. 610.
(3) *Lettre* du 6 octobre 1706. Œuv. VII, 620.

gner dans toutes ses lettres combien il vénérait Fénelon.

La grande considération que l'on avait à Rome pour l'archevêque de Cambrai fit désirer aux membres de la Congrégation des Rites qu'il déposât dans l'enquête instituée pour la béatification de Vincent de Paul. Fénelon, il est vrai, n'avait pu le connaître ; mais il en avait beaucoup entendu parler par ses deux oncles, l'évêque de Sarlat et le marquis de Fénelon, par l'archevêque d'Auch, M. de La Mothe-Houdancourt, et par M. Tronson. Il rapporte donc, dans sa lettre au pape, leur témoignage. « Si la voix du peuple, ajoute-t-il, doit être appelée la voix de Dieu, nul doute que les vœux de toute la France seront bientôt exaucés, et que Vincent de Paul sera compté parmi les saints (1). »

La santé de Fénelon avait toujours été fort délicate (2). En 1706, comme il était plus souffrant, les médecins jugèrent que les eaux de Bourbon lui étaient nécessaires. L'autorisation d'aller les prendre lui fut accordée ; mais il fallait passer par Paris, et il lui fut interdit de s'y arrêter. Cette défense rigoureuse montre que le roi restait toujours implacable. Fénelon resta à Bourbon le mois de septembre et une partie du mois d'octobre. Il se trouva bien des eaux ; elles firent leur devoir, comme il l'écrit, et le remirent en état de vaquer sans trop de peine à ses nombreux travaux.

----

(1) *Lettre au pape Clément XI*, du 20 avril 1706. Œuv. VII, 162.

(2) « Il y a je ne sais combien d'années que je languis pour avoir négligé ma santé dans ma première jeunesse. » *Lettre à Madame de Maintenon*, avril 1692. Œuv. VIII, 494.

Nous avons pu passer assez rapidement sur ces dernières années. L'année 1707 doit nous arrêter un peu plus longtemps. Au mois de février, l'évêque d'Arras lui demandait son avis au sujet de la lecture de l'Ecriture Sainte, et en particulier du Nouveau Testament en langue vulgaire. La réponse de Fénelon n'est plus seulement une lettre, mais une véritable dissertation (1). Il examine la question au point de vue historique ; il montre comment l'Église, après avoir autorisé, et même recommandé cette lecture dans les premiers siècles, a été amenée à ne plus l'autoriser qu'avec beaucoup de réserve, à cause des dangers qu'elle peut présenter quand on n'est pas assez instruit, ou qu'on n'a plus une foi simple et un esprit docile. Ces dangers sont plus grands surtout là, où, comme dans les Pays-Bas, l'hérésie a déjà fait des ravages. Si l'on veut avoir la justification de la doctrine catholique sur ce point : « Convient-il de mettre la Bible à la portée de tous ? » il faut lire ces pages de Fénelon. L'évêque d'Arras en fut charmé, et voici en quels termes il exprime ses remerciements : « J'ai reçu, Monseigneur, avec une parfaite reconnaissance, et lu avec beaucoup de plaisir, la grande, belle et savante lettre que vous m'avez fait l'honneur de m'écrire (2). »

Au mois d'août Fénelon prescrivait des prières publiques pour demander que Dieu bénit nos armes, et rendît la paix aux nations chrétiennes. On pourrait, avec les seuls mandements de Féne-

----

(1) *Sur la lecture de l'Écriture sainte en langue vulgaire.* Œuv. II, 190-201.

(2) *Lettre à Fénelon,* du 14 mars 1707. Œuv. II, 201.

lon, se faire une idée déjà assez exacte des vicissitudes de la guerre de Succession, des alternatives de victoires et de défaites. Ici nous n'en sommes pas encore aux jours des grands revers ; mais Fénelon ne semble-t-il pas les pressentir ? « Que nos ennemis se glorifient de leurs forces ; pour nous c'est au nom du Seigneur que nous mettrons notre confiance. Quoique la France, après tant de pertes, se montre encore de tous côtés supérieure à ses ennemis, quoique rien ne semble pouvoir épuiser les ressources qu'elle trouve dans son courage, dans sa patience, et dans son zèle pour son roi, nous levons néanmoins les yeux vers les montagnes, pour voir d'où nous viendra le vrai secours; et nous disons : C'est du Seigneur qu'il nous viendra (1). »

Au même moment où il s'adressait ainsi à tous les fidèles de son diocèse, Fénelon envoyait à ses prêtres en particulier des instructions sur un sujet d'ordre tout spécial, le rituel de Cambrai. Une commission, composée de quelques-uns des membres les plus distingués de son clergé, avait été chargée d'étudier les changements qu'il convenait d'y introduire. Deux écueils étaient à éviter : s'il ne convenait pas de tolérer. sous prétexte de piété, certaines pratiques superstitieuses qui avaient pu se glisser dans quelques paroisses, il ne fallait pas non plus, sous prétexte d'unité, retrancher indistinctement tout ce qui pouvait être propre à quelque église, ni prétendre que ce qui était de date relativement récente fût par cela même à rejeter.

(1) *Mandement pour des prières*, 18 août 1707. Œuv. VI, 173.

« L'Église universelle, écrit Fénelon, a permis la diversité des rites ; l'Église romaine, mère et maîtresse de toutes les autres, n'a jamais vu de mauvais œil cette diversité... Les rites plus nouveaux de l'Église ont droit au même respect que les rites plus anciens ; car l'Église ne perd rien de sa sagesse en vieillissant ; et l'Esprit-Saint, dont l'assistance lui a été promise, ne se retire pas d'elle insensiblement. Il n'est pas vraiment catholique celui qui ne reconnait pas que les rites catholiques ont tous absolument la même autorité, qu'ils soient du dix-huitième ou du quatrième siècle (1). »

Mais ce qui marque surtout cette année 1707 dans l'histoire de Fénelon, c'est le sacre de l'électeur de Cologne. Entrons ici dans quelques détails.

Joseph-Clément de Bavière, né le 5 décembre 1671, n'avait encore que quinze ans, lorsqu'il avait été élu évêque de Ratisbonne et de Frisingen. Un peu plus tard, le 10 juillet 1688, il fut élu archevêque et électeur de Cologne ; puis encore, en 1694 et 1702, évêque de Liège et de Hildesheim. Nous avons là un exemple de ces abus dont l'Église ne pouvait

---

(1) Quasi vere universalis Ecclesia hanc rituum varietatem ratam non fecerit ; quasi vere Romana ecclesia, ceterarum omnium mater ac magistra, id nunquam ægre tulerit.... . Nefas est minoris facere recentiores quam antiquiores Ecclesiæ ritus. Neque enim Ecclesia senescendo minus sapit, aut Spiritu promisso sensim destituitur. Profecto non satis catholice sentit quisquis non fatetur pari omnino auctoritate pollere ritus in decimo octavo ac ritus in quarto seculo ab Ecclesia institutos. — *Mandatum de rituali edendo. 20 augusti 1707.* Œuv. VI, 191-193.

A propos de rituel, notons ce fait que, dans un recueil de cantiques, imprimé en 1778 à l'usage du diocèse de Cambrai, plusieurs de ces cantiques, entre autres *Au sang qu'un Dieu va répandre*, sont attribués à Fénelon. (*Bulletin de la commission historique du Nord. XIII*, 365).

pas encore se délivrer entièrement, quand des maisons puissantes, comme celle de Bavière, étaient trop intéressées à les maintenir.

Quoique titulaire de cinq évêchés, Joseph-Clément n'était pas encore entré dans les ordres. Il ne semblait même pas y songer. Mais dans la guerre de Succession il s'était déclaré, pour la France ainsi que son frère Emmanuel, électeur de Bavière. Vaincus par l'Empereur, qui conquit leurs États, ils vinrent chercher un asile en France. C'est ainsi qu'ils virent de près Fénelon, pour qui Joseph-Clément conçut bientôt une grande vénération. Le prélat en profita pour le convertir à des sentiments plus conformes à l'esprit de la religion et aux règles de l'Église. Il ne lui dissimulait pas combien il trouvait déplorable la situation, dont il était cause, faite à plusieurs diocèses. « Ils souffrent ; des troupeaux innombrables y sont errants, et périssent tous les jours, faute de vrai pasteur ; les petits demandent du pain, et il n'y a personne pour le leur rompre. Si chacun de ces grands diocèses, qui aurait sans doute besoin d'être partagé en plusieurs, avait au moins un bon évêque, cet évêque dépenserait peu à son église, et travaillerait beaucoup pour elle ; il porterait le poids et la chaleur du jour ; il défricherait le champ du Seigneur de ses propres mains, à la sueur de son visage ; il arracherait les ronces et les épines qui étouffent le grain ; il déracinerait les scandales et les abus ; il disciplinerait le clergé ; il instruirait les peuples par sa parole et par son exemple ; il se ferait tout à tous, pour les gagner tous à Jésus-Christ. Vous occupez vous seul, Monseigneur, la place de plusieurs excellents évêques, sans l'être (1) ».

Clément fut touché. S'il n'avait pas assez de vertu pour se démettre de plusieurs évêchés, tout au moins pouvait-il devenir véritablement évêque. Fénelon l'y invitait, tout en se gardant bien de trop le presser, car « rien n'est si terrible, dit-il, que de devenir évêque, si l'on n'entre pas dans toutes les vertus épiscopales; alors le caractère deviendrait un sceau de réprobation. Vous avez la conscience trop délicate pour ne pas craindre ce malheur. Plus les diocèses que vous devez conduire sont grands et remplis de besoins extrêmes, plus il faut un courage apostolique pour y pouvoir travailler avec fruit. Si vous voulez enfin être évêque, Monseigneur, au nom de Dieu, gardez-vous de l'être à demi. » Et il lui énumère les devoirs imposés à un évêque. Nous avons là déjà comme un résumé des idées qu'il développera dans le discours prononcé au sacre.

Plus de deux années s'écoulèrent encore, pendant lesquelles l'électeur se préparait peu à peu à porter ce redoutable fardeau de l'épiscopat. Il commença par renoncer au jeu, aux spectacles, à tout ce qui ne s'accordait pas avec le sacerdoce. A la fin de l'année 1706 il fut ordonné prêtre par Fénelon, dans la chapelle des Jésuites de Lille, et le 1er janvier 1707 il y célébra sa première messe en grande pompe. Le 1er mai suivant il reçut encore à Lille, dans l'église collégiale de Saint-Pierre, la consécra-

____

(1) *Lettre à l'électeur de Cologne*, du 30 décembre 1704. Œuv. VIII, 439.

tion épiscopale des mains de Fénelon : il était juste que celui qui avait été à la peine fût à l'honneur. Les évêques d'Ypres et de Namur servirent de prélats assistants. Autour de l'autel beaucoup d'abbés. L'électeur de Bavière, Emmanuel, était venu avec un nombreux cortège de seigneurs et d'officiers.

Fénelon, peu de jours après, rendit compte de cette cérémonie au pape Clément XI, qui en témoigna beaucoup de satisfaction (1). Il n'y a qu'un point sur lequel Fénelon garde le silence, et pour nous c'est le plus important : nous voulons parler de l'admirable discours qu'il prononça en cette occasion, et qui, avec le sermon pour la fête de l'Épiphanie, fait regretter qu'il n'ait pas laissé plus de monuments de son éloquence.

Ce discours, (2) dans lequel Fénelon reprend, pour les exprimer du haut de la chaire avec encore plus de solennité les enseignements que, dans leurs entretiens, il avait déjà donnés au prince, comprend deux parties, et voici comment il les annonce : « Écoutez ce que je ne crains point de dire. D'un côté l'Église n'a aucun besoin du secours des princes de la terre, parce que les promesses de son époux tout-puissant lui suffisent ; d'un autre côté, les princes qui deviennent pasteurs peuvent être très utiles à l'Église, pourvu qu'ils s'humilient, qu'ils se dévouent au travail, et qu'on voie reluire en eux toutes les vertus pastorales ». Quand Fénelon dit que lorsque « Dieu ne dédaigne pas de faire secourir l'Église par les princes, il les

____

(1) *Lettre de Fénelon au pape*, du 8 mai 1707, et *Bref du pape à Fénelon*, du 16 juillet 1707. Œuv. VII, 626 et 627.

(2) Œuv. V. 604-616.

prépare de loin, il les forme, il les instruit, il les
exerce, il les purifie », il nous est impossible de ne
pas songer que Fénelon était l'instrument dont
Dieu s'était servi pour la préparation du prince ;
avant de le consacrer, il l'avait rendu digne de la
consécration. La maison de Bavière n'avait d'abord
songé qu'à faire jouir l'un des siens de grands revenus ecclésiastiques : « Vos richesses ne sont pas
à vous ; les fondateurs n'en ont dépouillé leurs familles qu'afin qu'elles fussent le patrimoine des
pauvres ; elles ne vous sont confiées qu'afin que
vous soulagiez la pauvreté de vos enfants ».

Et ces conseils qu'il donne d'humilité chrétienne : « O vous, qui descendez de tant de princes, de rois et d'empereurs, oubliez la maison de
votre père ; dites à tous ces aïeux : Je vous ignore.
Si quelqu'un trouve que la tendresse et l'humilité
pastorales avilissent votre naissance et votre dignité, répondez-lui ce que David disait quand on
trouvait indécent qu'il dansât devant l'arche : Je
m'avilirai encore plus que je ne l'ai fait, et je serai loué à mes propres yeux. Descendez jusqu'à la
dernière brebis de votre troupeau ; rien ne peut
être bas dans un ministère qui est au-dessus de
l'homme. Descendez donc, descendez ; ne craignez
rien : vous ne saurez jamais trop descendre pour
imiter le prince des pasteurs ». Et quel retour
l'électeur devait faire sur lui-même, en écoutant
ces fortes paroles qu'il pouvait s'appliquer, au
moins pour le passé : « Les grands princes, qui
prennent pour ainsi dire l'Église sans se donner à
elle, sont pour elle de grands fardeaux, et non des
appuis. Hélas ! que ne coûtent-ils point à l'Église !

Ils ne paissent point le troupeau, c'est du troupeau qu'ils se paissent eux-mêmes. Le prix des péchés du peuple, les dons consacrés ne peuvent suffire à leur faste et à leur ambition ! Qu'est-ce que l'Église ne souffre pas d'eux ! Quelle plaie ne font-ils pas à sa discipline ! »

Après avoir parlé avec cette liberté, Fénelon pouvait dire : « Vous voyez, mes frères, ce prince prosterné au pied des autels ; vous venez d'entendre tout ce que je lui ai dit. Eh ! qu'est-ce que je n'ai pas osé lui dire, et qu'est-ce que je ne devais pas lui dire, puisqu'il ne craint que d'ignorer la vérité ? » Enfin la prière qu'il adresse à Dieu, en terminant son discours, est encore une dernière exhortation à l'électeur. Il lui rappelle en quelques mots tous ses devoirs : « O Dieu, portez-le dans votre sein au travers des périls et des tentations ; ne permettez pas que la fascination des amusements du siècle obscurcisse jamais les biens que vous avez mis dans son cœur ; ne souffrez pas qu'il se confie ni à sa haute naissance, ni à son courage naturel, ni à aucune prudence mondaine ! Que la foi fasse seule en lui l'œuvre de la foi ! Qu'au moment où il ira paraître devant vous, les pauvres nourris, les riches humiliés, les ignorants instruits, les abus réformés, la discipline rétablie, l'Église soutenue et consolée par ses vertus, le présentent devant le trône de la grâce, pour recevoir de vos mains la couronne qui ne se flétrira jamais. »

L'électeur ne cessa jamais de se montrer animé, à l'égard de Fénelon, des sentiments de la plus entière confiance. Il le consultait, non seulement sur

les questions d'ordre spirituel, mais aussi dans
des circonstances où les intérêts temporels les plus
saves étaient en jeu (1).

(1) *Lettres de l'électeur à Fénelon*, du 7 février 1708 et du 8 mars
1713. (Œuv. VII, 632 ; VIII, 132.

CHAPITRE XIV

1708-1711

1708. — La guerre est transportée dans le diocèse de Fénelon. — Fénelon prévient une révolte de la garnison de Saint-Omer. — Le mandement ordonnant des prières fait beaucoup de bruit. — Chagrin que ressent Fénelon des fautes reprochées au duc de Bourgogne. — Le chevalier de Saint-Georges. — Affluence de visiteurs à Cambrai. — Fénelon aide à la subsistance de l'armée.

1709. — Cruel hiver ; grande misère. — Mme de Lambert.

1710. — *Mémoire sur la situation déplorable de la France.* — *Mémoire sur les raisons qui semblent obliger Philippe V à abdiquer.* — *Examen des droits de Philippe V à la couronne d'Espagne.* — Jugement de Fénelon sur Villars. — Triste état de la France. — Fénelon demande une assemblée des notables. — Jugement sévère sur Louis XIV. — Fénelon craint d'avoir à quitter Cambrai. — Mort de l'abbé de Langeron.

1711. — Affaire de l'évêque de Tournai. — Mort du Grand dauphin. — Changement que cette mort semble devoir amener dans la situation de Fénelon. — Conférences de Chaulnes. — *Plans de gouvernement.*

C'est dans le cours de la campagne de 1708 que commença cette succession de revers qui attristèrent si grandement la fin du règne de Louis XIV. La guerre jusque là s'était faite en Italie et Allemagne ; mais le prince Eugène et Marlborough allaient la transporter surtout dans les Pays-Bas, et faire cruellement souffrir le diocèse de Fénelon.

Fénelon passa ainsi par de dures épreuves ; mais faut-il l'en plaindre? Elles firent éclater son patriotisme et sa charité; il dut une partie de sa gloire à ce ministère tout particulier et des plus considérables dont les circonstances semblèrent l'investir, et qui lui mérita la reconnaissance nationale. Dans les misères de la guerre qui désolait le nord de la France, non seulement, grâce au respect que son nom inspire aux étrangers, il pourra protéger les populations de la Flandre et du Cambrésis contre l'excès des dévastations, mais il viendra en aide aux besoins de notre armée, avec les approvisionnements qu'il a mis en réserve, en même temps qu'il multipliera les secours pour les blessés. Il sera dans les calamités publiques comme une sorte de Providence.

L'état déplorable des finances n'avait pas permis de payer exactement la solde de la garnison de Saint-Omer. Les soldats étaient mécontents, et déjà des actes d'indiscipline faisaient craindre une sédition prochaine ; elle aurait eu les conséquences les plus graves, au moment où l'ennemi approchait. Dans des circonstances aussi critiques, l'évêque de Saint-Omer, M. de Valbelle, restait inactif. Fénelon se substitua à Valbelle ; réunissant tous les fonds dont il pouvait disposer, il se hâta de les envoyer à Saint-Omer, et prévint ainsi une révolte imminente. Ce trait si honorable de la vie de Fénelon ne nous serait pas connu, (lui-même n'en parle nulle part, il se tait sur tout ce qu'il fait de bien), si nous n'avions une lettre du cardinal de Bouillon, qui le félicite de s'être montré si généreux pour le service du roi, et surtout d'avoir usé d'un si noble procédé, seule vengeance qu'il voulut se permettre, à l'égard d'un confrère qui lui avait fait tout le mal qu'il avait pu (1).

Le mandement donné au printemps de cette année 1708, pour ordonner des prières publiques (2), fit beaucoup de bruit. Il commençait ainsi : « Si le monde n'avait jamais vu la guerre allumée entre des nations voisines, il aurait peine à croire que les hommes puissent s'armer les uns contre les autres. Eux qui sont accablés de leur misère et de leur mortalité, ils augmentent avec industrie les plaies de la nature, et ils inventent de nouvelles morts. Ils n'ont que quelques moments à vivre, et ils ne peuvent se résoudre à laisser couler en paix ces tristes moments. Ils ont devant eux des régions immenses qui n'ont point encore trouvé de possesseur, et ils s'entredéchirent pour un coin de terre. Ravager, répandre du sang, détruire l'humanité, c'est ce qu'on appelle l'art des grands hommes. Mais les guerres ne sont, dit saint Augustin, que des spectacles, où le démon se joue cruellement du genre humain, *ludi dæmonum* ».

Fénelon avait ajouté : « Les princes les plus justes et les plus modérés sont réduits à prendre les armes » ; et à la fin : « Prions pour la prospérité des armes du roi, afin qu'elles nous procurent, selon ses desseins, un repos qui console l'Église aussi bien que les peuples, et qui soit sur la terre une image du repos céleste ». Il n'y en eut pas moins assez de gens qui virent dans ce mande-

(1) *Lettre* du 12 février 1708. Œuv. VII, 633.

(2) Œuv. VI, 175.

ment une censure des actes de Louis XIV. Dans
une lettre au P. Lami, Fénelon se défend d'avoir
eu une telle intention. « Je n'ai parlé qu'en général du malheur des guerres. Ma conclusion est
décisive pour écarter de l'esprit du lecteur toute
pensée maligne d'appliquer au roi ce que j'ai dit en
général, sur les horreurs d'une guerre ambitieuse
et contraire à l'humanité. Rien n'est plus opposé à
une guerre si odieuse que celle que le roi fait malgré lui. On n'a fait aucune attention à ce qui est
clair comme le jour pour montrer mon zèle ; et
on a relevé malignement un endroit très innocent
de mon mandement, pour l'empoisonner par une
interprétation forcée. Il faut prier Dieu de bon
cœur pour ceux qui agissent ainsi, et leur vouloir
autant de bien qu'ils me veulent de mal (1) ». On
ne voit pas du reste qu'en cette circonstance les
insinuations des ennemis de l'archevêque aient été
aucunement accueillies par Louis XIV.

Outre les inquiétudes que l'état général des affaires mettait dans le cœur de Fénelon, il ressentait des soucis tout particuliers au sujet
du duc de Bourgogne. Le prince, comme nous
l'avons vu, était venu à l'armée de Flandre. Il eut
le malheur de ne pas s'entendre avec Vendôme.
Sa réputation souffrit beaucoup de cette campagne.
Nous n'avons pas à exposer ici de nouveau toutes
les fautes qu'on lui reprochait. Combien Fénelon
était atteint dans son affection pour ce cher prince,
on le comprend aisément. Dans les malheurs publics c'était pour lui une affliction de plus, et une

______

(1) *Lettre* du 30 novembre 1708. Œuv. VI. 645.

affliction dont il ne pouvait parler qu'à ses plus intimes amis, MM. de Beauvilliers et de Chevreuse.

Un autre prince, que Fénelon cite en exemple au duc de Bourgogne, était venu à l'armée, et il fut pendant quelque temps l'hôte de l'archevêque : c'était François-Edouard Stuart, connu sous le nom de chevalier de Saint-Georges, fils de Jacques II, et prétendant à la couronne d'Angleterre. En admettant que Fénelon ait, à dessein, un peu exagéré les qualités qu'il trouvait dans ce prince (1), il semble bien qu'il conçût pour lui beaucoup d'estime. Ils eurent ensemble divers entretiens, au sujet de la conduite à tenir par le prétendant, s'il recouvrait le trône. Ramsay raconte que dans ces conférences Fénelon recommanda au prince sur toutes choses de ne jamais forcer ses sujets à changer leur religion. Nulle puissance humaine ne peut forcer, disait-il, le retranchement impénétrable de la liberté du cœur. La force ne peut jamais persuader les hommes : elle ne fait que des hypocrites. Quand les rois se mêlent de religion, au lieu de la protéger ils la mettent en servitude. Accordez donc à tous la tolérance civile, non en approuvant tout comme indifférent, mais en souffrant avec patience tout ce que Dieu souffre, et en tâchant de ramener les hommes par une douce persuasion (2) ».

C'était encore avec la même largeur d'idées que Fénelon conseillait le prétendant en matière pure-

(1) *Lettre au duc de Bourgogne*, 15 novembre 1709. VII, 291.
(2) *Histoire de Fénelon*, 281.

ment politique. « Il lui fit voir, dit encore Ramsay, les avantages qu'il pouvait tirer de la forme du gouvernement de son pays, et des égards qu'il devait avoir pour son sénat. — Ce tribunal, dit-il, ne peut rien sans vous : n'êtes-vous pas assez puissant ? Vous ne pouvez rien sans lui : n'êtes-vous pas heureux d'être libre pour faire tout le bien que vous voudrez, et d'avoir les mains liées quand vous voulez faire le mal ? Tout prince sage doit souhaiter de n'être que l'exécuteur des lois, et d'avoir un conseil suprême qui modère son autorité (1) ». Le pouvoir royal limité par les droits du parlement, c'est bien ce gouvernement représentatif qui a les préférences de Fénelon.

A l'automne, le ministre Chamillard vint à l'armée, pour se rendre compte par lui-même de son état et de ses besoins. Dans ce voyage, il vit Fénelon, s'entretint longtemps avec lui : on ne pouvait supposer que ce fût sans l'aveu du roi. On considéra donc dès ce moment qu'il n'était plus interdit de venir saluer l'exilé, que l'on savait d'ailleurs si fermement aimé de l'héritier du trône. De sorte que dès lors « de tout ce qu'il y avait à la cour de plus élevé et de plus considérable qui servît en Flandre, se forma tous les ans une cour à Cambrai (2) ». — « Nous avons toujours nombreuse compagnie, dit Fénelon ; elle va encore grossir beaucoup à la séparation de l'armée. Tout va passer, et à peine pourrons-nous respirer pendant

____

(1) *Histoire de Fénelon*, 282-283.

(2) Saint-Simon, *Ecrits inédits*, IV. 459.

quelques jours (1) ». Plus tard il écrivait : « J'ai vu ici, pendant trois ou quatre ans, l'armée et une grande partie de la cour. Quoique j'aie mille sujets de me louer de leur politesse, je me sens infiniment soulagé de ne les voir plus (2) ».

Dans son entrevue avec Chamillard il avait été question de la subsistance des troupes. Les particuliers, qui avaient des blés, ne voulaient pas les vendre aux gens du roi, qui leur en offraient un moindre prix que les marchands, et avec d'assez longs termes pour les paiements. Sans écouter ses intérêts personnels, et ne consultant que le bien public, Fénelon mit à la disposition du ministre tout ce qu'il avait de blé : il ne s'en réservait que ce qu'il fallait « tant pour ma subsistance, dit-il, dans un lieu de passage continuel, où je suis seul à faire honneur à tous les passants, que pour les pauvres, qui sont innombrables en ce pays, depuis que notre voisinage est ruiné, et que la cherté augmente. On vous a très-mal informé si on vous a fait entendre que j'avais vingt mille sacs de blé. Je ne puis avoir, dans tout le cours de l'année, qu'environ onze mille mesures de blé, chaque mesure pesant environ quatre-vingt-quatre livres. Chaque mesure vaut actuellement au marché plus de deux écus, et le prix augmente tous les jours. Ainsi le total de ce blé montera au moins à

____

(1) *Lettre à Madame de Montbéron*, 27 octobre 1709. Œuv. VIII, 702.

(2) *Lettres spirituelles*, *CXXVII*, *1714*. Œuv. VIII, 542. Cette hospitalité devait être fort dispendieuse ; car il ajoute : « Pour la dépense, je me croirais riche, si je n'avais à dépenser chaque année que deux mille francs comme en ma jeunesse. »

soixante-dix mille francs. Vous prendrez, Monsieur, sur ce total, la quantité qu'il vous plaira, et au prix que vous voudrez. Je n'ai aucune condition à vous proposer, et c'est à vous à les régler toutes ; je ne réserverai pour mes besoins, pour ceux des pauvres qu'il ne m'est pas permis d'abandonner, et pour les gens qui sont accoutumés à aborder chez moi en passant, que ce que vous voudrez bien me laisser (1). »

Ainsi que Fénelon le disait au ministre, le prix du blé allait toujours croissant. On arrivait à l'hiver, à cet hiver de 1709 dont l'histoire a gardé le souvenir comme d'un des plus rigoureux qu'il y ait jamais eu en France, et qui fut suivi d'une année d'affreuse disette. La misère était grande. « Tout ce pays-ci, écrit Fénelon, est dans une extrême souffrance : il est ravagé cruellement par les ennemis, et les nôtres le fourragent terriblement de leur côté. Dieu veuille que la campagne se passe sans aucun fâcheux événement ! (2). »

Ce vœu ne devait point se réaliser. Tournai fut pris par les ennemis. L'évêque, M. de Beauvau, s'était retiré avant leur arrivée ; et son départ amena des difficultés religieuses que nous aurons

______

(1) *Lettre* du 20 novembre 1708. Œuv. VII-644. — On voit dans un livre tenu par Jean Chastaignier, receveur de l'archevêque au Câteau-Cambrésis, que dans une seule année, du 24 juin 1708 au 24 juin 1709, Fénelon fournit, pour l'armée, quatre mille cinq cents mencauds de blé. En outre, dans le seul canton du Câteau, il sacrifia sur le prix des fermages en nature plus de quarante mille francs, et fit en outre remise de neuf cent soixante-trois mencauds de blé. — En même temps que son blé il offre sa vaisselle d'argent et tout ce qu'il a « d'autres effets. » *Lettre à M. de Chevreuse,* 3 décembre 1711. Œuv. VII, 367.

(2) *Lettre à M. de Beaumont*, 10 juillet 1709. Œuv. VII, 429.

à exposer, et où Fénelon eut à exercer son zèle comme métropolitain. La sanglante journée de Malplaquet (11) septembre 1709 amenait beaucoup de blessés à Cambrai ; et comme si ce n'était pas encore assez de toutes les misères qu'il avait à soulager dans sa ville archiépiscopale, Fénelon allait encore en visiter d'autres au Quesnoy (1).

Le blé ayant tout à fait manqué dans le Cambrésis, la détresse était extrême. Fénelon représenta à M. Voysin, ministre de la guerre, l'état déplorable du pays, et il sollicita l'envoi des secours promis par le roi. « Il ne s'agit plus de froment, qui est monté jusqu'à un prix énorme, où les familles même les plus honnêtes ne peuvent plus en acheter : sa rareté est extrême. L'orge nous manque entièrement. » On en était réduit à vivre d'avoine, et cette avoine même allait faire défaut : « Le peu qui nous en restera peut-être ne saurait suffire aux hommes et aux chevaux. Il faudra que les peuples périssent, et on doit craindre une contagion qui passera bientôt d'ici jusqu'à Paris.., Nous ne pouvons plus nourrir nos pauvres, et nos riches même tombent en pauvreté (2). »

Malgré une prière si instante, il semble que le Cambrésis doit être abandonné à son malheureux sort. On n'avait même plus les ressources pour entretenir l'armée. « Toute cette frontière est consternée : les troupes y manquent d'argent, et on est chaque jour au dernier morceau de pain. Ceux

______

(1) *Lettre de Fénelon à M. de Chevreuse*, 24 octobre 1709. Œuv. VII, 291.

(2) *Lettre* du 22 septembre 1709. Œuv. VIII, 356.

qui sont chargés des affaires paraissent eux-mêmes rebutés, et dans un véritable accablement. Les soldats languissent et meurent : les corps entiers disparaissent, et ils n'ont pas même l'espérance de se remettre (1). »

Au milieu de tant de misères, Fénelon accepte toutes ces épreuves non pas seulement avec une soumission résignée : « Heureux, s'écrie-t-il, qui demeure là où il se trouve, content du pain quotidien avec toutes les croix quotidiennes ! Je suis même persuadé que la croix quotidienne est le principal pain quotidien (2). » Il garde toute sa tranquillité d'esprit. Aux heures les plus tristes, il y a encore place pour les choses littéraires. Nous le voyons, par exemple, accepter de lire, pour en donner son avis, un ouvrage manuscrit de la marquise de Lambert (3) ; et dans une lettre à l'auteur, il ne parle de la guerre que parce qu'elle ne lui permet pas de recevoir la visite de la marquise. « Je n'oserais me flatter d'aucune espérance d'avoir l'honneur de vous voir en ce pays, dans un malheureux temps où il est le théâtre de toutes les horreurs de la guerre ; mais, dans un temps plus heu-

---

(1) *Lettre de Fénelon à M. de Chevreuse*, 5 décembre 1709. Œuv. VII, 298.

(2) *Même lettre.*

(3) *Avis d'une mère à son fils.* Il y a d'elle aussi les *Avis d'une mère à sa fille.* Fénelon exprime son désir de lire ce second ouvrage. C'est par l'entremise de M. de Sacy que Fénelon entra en relations avec Mme de Lambert. Il était depuis longtemps en liaison littéraire avec M. de Sacy, qui lui envoyait tous ses ouvrages. *Lettres de Fénelon à M. de Sacy*, 26 janvier et 28 octobre 1713. Œuv. VII, 566, 579.

reux, une belle saison pourrait vous tenter de curiosité pour cette frontière (1). »

Au commencement de 1710, Fénelon adressa un nouveau mémoire à M. de Chevreuse (2). Le tableau qu'il trace de la situation de la France est affreux : finance, armée, administration, tout dépérit, tout se perd ; Fénelon ne voit de ressource que dans une prompte paix, et une paix qu'il faut acheter au prix même des plus grands sacrifices, si l'on veut éviter que la France soit entièrement ruinée. Si l'on était tenté de trouver que Fénelon, alors et plus tard encore, a peut-être trop désespéré de la France, il faut songer qu'il vivait là où nos affaires offraient le plus désolant spectacle (3). Il en arrive à penser que Louis XIV ne peut plus, ne doit plus soutenir les droits de Philippe V à la couronne d'Espagne. Dans un autre mémoire, il se prononce pour que ce prince abdique (4). Cette abdication sera-t-elle seulement un sacrifice imposé par les circonstances ? A voir comment Fénelon fait parler les alliés, il semble qu'au fond il n'est pas éloigné de leur donner raison. S'il n'exprime pas formellement sa pensée, ne la laisse-t-il pas entre-

(1) *Lettres de Fénelon à M. de Sacy et à la marquise de Lambert,* janvier 1710. Œuv. VII, 667, 668.

(2) *Mémoire sur la situation déplorable de la France.* Œuv. VII, 159-164.

(3) « Si je prenais la liberté de juger l'état de la France par les morceaux de gouvernement que j'entrevois sur cette frontière, je concluerais qu'on ne vît plus que par miracles, que c'est une vieille machine délabrée qui va encore de l'ancien branle qu'on lui a donné, et qui achèvera de se briser au premier choc. » *Mémoire sur la situation déplorable de la France.* Œuv. VII, 159.

(4) *Mémoire sur les raisons qui semblent obliger Philippe V à abdiquer la couronne d'Espagne.* 1710. Œuv. VII, 164-170.

voir ? « Je ne prétends pas décider en faveur de ce discours des alliés ; mais tout ce qu'il y a dans l'Europe de neutre en sera frappé ».

En mars, des conférences allaient s'ouvrir à Gertruydenberg pour traiter de la paix. Les plénipotentiaires envoyés par le roi de France étaient le maréchal d'Huxelles et l'abbé de Polignac. On ne craignait plus de voir Fénelon : ils s'arrêtèrent donc à Cambrai (1), et s'entretinrent des affaires publiques avec le prélat, auquel ils ne cachèrent point qu'ils avaient peu de confiance dans le succès de leur négociation.

L'une des conditions auxquelles Louis XIV devait se soumettre pour obtenir la paix, c'était qu'il détrônât lui-même son petit-fils. Il se refusait, et avec raison, à cette humiliante exigence. Voici l'idée que suggère Fénelon. Sans faire la guerre à Philippe V, Louis XIV n'a qu'à déclarer qu'il ne le soutient plus : alors le roi d'Espagne ne pourra plus résister à ses ennemis ; mais pour empêcher qu'il ne tombe entre leurs mains, des troupes françaises iraient en Espagne l'enlever pour le ramener en sûreté auprès de son aïeul. Mais le mieux serait qu'il abdiquât. Le décider à cette abdication est nécessaire, « le prompt retour du roi d'Espagne étant l'unique ressource pour sauver la France (2) ». Il faudrait donc, pour une affaire aussi importante, faire choix « d'un homme de poids, recommandable par ses qualités personnelles, que son rang fît respecter, d'un vrai mérite, d'une probité à

____

(1) Il en fut encore de même à leur retour.

(2) *Lettre de Fénelon à M. de Chevreuse*, 20 mars 1710. Œuv. VII, 308.

toute épreuve, et Fénelon ne voit, pour remplir toutes ces conditions, que le duc de Chevreuse lui-même.

M. de Chevreuse, si habitué qu'il fût à déférer aux idées de Fénelon, en cette circonstance ne se rangea point à son opinion (1). D'abord si triste que fût l'état de la France, il ne le jugeait cependant pas désespéré; il indiquait les remèdes possibles : signalons en passant celui-ci ; revenir sur la révocation de l'édit de Nantes, et rappeler les huguenots en France. Le développement que M. de Chevreuse donne à sa pensée montre qu'il se rendait très bien compte (et il n'était pas le seul sans doute) du mal qu'avait fait au pays l'abrogation de l'œuvre d'Henri IV.

M. de Chevreuse s'était fait une haute idée des devoirs de Philippe V. Il estimait que le duc d'Anjou, en acceptant la couronne d'Espagne, s'était lié à la nation espagnole ; qu'il n'avait pas le droit de l'abandonner, à moins qu'elle n'y consentît elle-même : plutôt périr. Tandis que pour Fénelon Philippe V était toujours un prince français, tenu avant tout par des devoirs envers son pays d'origine, le duc de Chevreuse considérait que ce prince n'appartenait plus qu'à l'Espagne, qu'il n'avait plus « d'autre loi que de soutenir, suivant l'équité, l'intérêt des Espagnols, envers et contre tous, sans réserve ». Si un roi se doit tout entier au peuple qui se donne à lui, oserions-nous dire que le duc de Chevreuse n'avait pas raison contre Fénelon ?

(1) *Observations du duc de Chevreuse.* Œuv. VII, 170-174.

Ces observations provoquèrent un nouveau mémoire, dans lequel Fénelon cherche si le roi d'Espagne a vraiment un droit très légitimement acquis sur cette monarchie (1). Il discute les idées de M. de Chevreuse, et il conclut en disant : « J'avoue que j'avais cru dans les commencements que le droit de Philippe V pouvait être bien soutenu. Dans la suite, en examinant les choses de plus près, j'y ai trouvé les embarras que je marque ici. Mais je ne vois rien qui doive faire douter que ce prince soit obligé de renoncer à son droit bon ou mauvais sur l'Espagne, pour sauver la France. Ne doit-il pas préférer à sa grandeur personnelle ses pères et ses bienfaiteurs, de qui il la tient, avec le salut de la France entière, qui parait dépendre de ce sacrifice ? » Que Fénelon se trompe ou non, tout au moins faut-il reconnaître que dans cette espèce de débat il n'écoute que son patriotisme.

Il revient sans cesse sur l'urgente nécessité de faire la paix, si cher qu'il faille l'acheter. « Il ne faut point se flatter : vous n'avez aucune ressource d'aucun côté ; tous les corps du royaume sont épuisés, aigris, et au désespoir ; le gouvernement est haï et méprisé ; toutes nos places sont dégarnies presque de tout, et tomberaient comme d'elles-mêmes en cas de malheur ; les troupes meurent de faim, elles n'ont pas la force de marcher ; nos généraux ne me promettent rien de consolant (2). »

Parmi ces généraux, il en est un en particulier qui n'inspire aucune confiance à Fénelon, et qu'il

(1) *Examen des droits de Philippe V à la couronne d'Espagne.* Œuv. VII, 174-176.

(2) *Lettre à M. de Chevreuse*, 20 mars 1710. Œuv. VII, 310.

ferait, s'il le pouvait, écarter du commandement.
En plusieurs endroits il ne cache pas le peu de
cas qu'il fait de ses talents. « Tête vaine et légère,
impose apparemment au roi, mais qui n'a aucun
fonds (1). » Ailleurs encore : « Voilà une très médiocre ressource (2). » Et de qui parle-t-il ainsi ?
De Villars. Heureusement la cour, l'armée, et surtout le roi jugeaient autrement que Fénelon ; et
Villars, investi de la confiance de Louis XIV, put
à Denain sauver la France. Mais ne soyons pas
trop surpris de cette appréciation sévère : fastueux,
souvent intempérant de langage, très peu modeste,
Villars avait les défauts qui devaient le plus
choquer Fénelon ; d'ailleurs les qualités militaires
sont de celles qu'un homme d'église doit le moins
facilement discerner.

Aux yeux de Fénelon, la France était réduite à
de telles extrémités qu'il en arrivait presque à
craindre que nos armées obtinssent quelque avantage : « Vous êtes comme le lion terrassé, mais la
gueule ouverte, expirant, et prêt à déchirer tout... :
mais pour moi je ne puis désirer des succès qui ne
feraient que nous flatter de vaines espérances, et
que prolonger notre maladie (3). »

---

(1) *Lettre à M. de Chevreuse*, 20 mars 1710. Œuv. VII, 310.

(2) *Lettre au même*, 7 avril 1710. Œuv. VII, 311. Pendant le
siège de Douai entrepris par Villars, Fénelon va voir ce maréchal
Un peu après cette visite il écrit : « Nous verrons ce que Dieu
voudra faire. Les hommes croient faire tout, et ils ne font rien ;
ils ne sont que comme des échecs qu'on remue. » (*Lettre à Madame de Montbéron*, 2 juin, 1710. Œuv. VIII, 703). N'est-ce pas
une allusion à cette extrême confiance qu'on reprochait à Villars
d'avoir en lui-même ?

(3) *Lettre à M. de Chevreuse*, 24 juin 1710. Œuv. VII, 317.

Parmi les lettres les plus intéressantes de Fénelon vers cette époque, il faut citer surtout celle du 4 août 1710, à M. de Chevreuse (1). Si l'on ne peut songer à réunir les États Généraux, au moins faut-il consulter les notables ; car le malheur de la situation présente, c'est que le roi est séparé de la nation. Si le pouvoir absolu, ou, comme l'appelle Fénelon, le despotisme, « pendant qu'il est dans l'abondance, agit avec plus de promptitude et d'efficacité qu'aucun gouvernement modéré ; quand il tombe dans l'épuisement, sans crédit, il tombe tout à coup sans ressource. » Mais le roi se résignera-t-il à ne plus agir que de concert avec la nation ? On peut en douter ; cependant c'est là uniquement que serait le salut.

Fénelon est bien sévère, bien dur même pour Louis XIV. On peut en juger par ce qui suit ; avec le *vous* dont il use, le personnage qn'il interpelle ne peut être que le roi, et non M. de Chevreuse :

« Vous me direz que Dieu soutiendra la France ; mais je vous demande où en est la promesse. Avez-vous quelque garant pour des miracles ? Il vous en faut sans doute pour vous soutenir comme en l'air ; les méritez-vous dans un temps où votre ruine prochaine et totale ne peut vous corriger, où vous êtes encore dur, hautain, fastueux, incommunicable, insensible, et toujours prêt à vous flatter ? Dieu s'apaisera-t-il en vous voyant humilié sans humilité, confondu par vos propres fautes, sans vouloir les avouer, et prêt à recommencer, si vous pouviez respirer deux ans ? Dieu se con-

(1) Œuv. VII, 321-324.

tentera-t-il d'une dévotion qui consiste à dorer une chapelle, à dire un chapelet, à écouter une musique, à se scandaliser facilement, et à chasser quelque Janséniste? Non seulement il s'agit de finir la guerre au dehors, mais il s'agit encore de rendre au dedans du pain aux peuples moribonds, de rétablir l'agriculture et le commerce, de réformer le luxe qui gangrène toutes les mœurs de la nation, de se ressouvenir de la vraie forme du royaume, et de tempérer le despotisme, cause de tous nos maux. On applaudit à la dévotion du roi, parce qu'il ne s'irrite point contre la Providence qui l'humilie. On se contente qu'il croie n'avoir commis aucune faute importante, et qu'il se regarde comme un saint roi que Dieu éprouve, ou tout au plus comme un roi qui a péché, comme David, parla fragilité de la chair dans sa jeunesse. Mais lui dit-on qu'il faut qu'il reconnaisse que c'est par le renversement de tout ordre qu'il s'est jeté dans l'abîme, d'où il semble que rien ne puisse le tirer ? (1). »

On crut pendant quelque temps que les ennemis assiègeraient Cambrai. Fénelon est à se demander ce qu'il ferait s'ils prenaient la ville. Il entendait ne pas rester au milieu d'eux, mais il ne voulait pas non plus abandonner son diocèse. « Je me retirerais au Quesnoy, ou à Landrecies, et puis à Avesnes. J'irais de place en place jusque dans la dernière de la domination du roi; je ne prêterais aucun serment lorsque le roi n'aurait plus aucune place dans mon diocèse ; alors je ne m'en irais

____

(1) *Lettre du 4 août* 1710. Œuv. VII, 323.

jamais volontairement, et je me laisserais mettre
en prison plutôt que de quitter mon troupeau.
Alors j'écrirais à la cour pour demander ce que le
roi voudrait faire de moi dans cette extrémité (1). »
Et dans le cas où Cambrai serait cédé aux alliés
par un traité, et que Fénelon fût ainsi dégagé de
ses obligations envers le roi, à quoi se résoudrait-
il ? Il s'était fait déjà depuis longtemps cette question. Un an auparavant, il faisait part à son fidèle
ami, l'abbé de Langeron, de ses anxiétés à ce sujet :
« Je voudrais savoir par le conseil le plus digne
d'être cru ce qu'il me conviendrait de faire si par
hasard la France cédait Cambrai. Vous savez que
je n'ai aucun bien, que mes neveux sont presque
sans ressource du côté de leur famille, et que ma
situation m'ôte tout espoir en France. Je vous
avoue néanmoins que le fond de mon cœur répugne
à quitter la patrie, à me détacher de mon roi, et à
prêter serment de fidélité à ses ennemis (2). » Il ne
fut point soumis à l'épreuve qu'il avait redoutée,
et il put achever sa vie dans son diocèse, sans
cesser d'être Français.

Dans le cours de cette année, un accident à la
jambe, sur lequel nous n'avons pas d'autres détails (3), condamna pendant assez longtemps

(1) *Lettre à M. de Chevreuse*, 4 mai 1710. Œuv. VII, 316.

(2) *Lettre* du 12 mai 1709. Œuv. VII, 651.

(3) « J'ai été blessé par un accident, en sorte qu'il m'est impossible de poser le pied à terre. » *Lettre à la maréchale de
Noailles*, 28 mai 1710. Œuv. VII, 674. Il fait venir à Cambrai un
habile chirurgien, Turodin. *Lettre au vidame d'Amiens*, 15 juin
1710. Œuv. VII, 317. — « Ma jambe est dans un état fort équi-
voque, mais qui ne doit donner aucune inquiétude. » *Lettre au
marquis de Fénelon*, 25 octobre 1710. Œuv. VII, 433.

Fénelon à ne pas marcher. Il était à peine remis, quand une cruelle douleur vint l'atteindre. Au commencement de novembre, l'abbé de Langeron fut pris de fièvre et d'un mouvement de bile. Les lettres de Fénelon nous font assister aux rapides progrès de la maladie. M. de Langeron mourut le 10 novembre (1). « J'ai perdu la plus grande douceur de ma vie, et le principal secours que Dieu m'avait donné pour le service de l'Église ; jugez de ma douleur », écrit Fénelon (2). Et un peu plus tard, parlant de l'ami avec lequel il avait vécu si intimement pendant trente quatre ans : « Je l'ai vu mourir d'une fièvre qui paraissait les premiers jours une incommodité plutôt qu'une maladie. Malgré l'embarras de sa tête vers les derniers jours, il a vu la mort avec une paix et un abandon à la volonté de Dieu, qui semblaient couler de source. Il obéissait comme un petit enfant, et quand il rêvait un peu, ses rêveries étaient toutes pieuses. Tout paraissait venir d'un fonds de grâce et de détachement. Plus j'étais édifié, plus j'étais attendri, et j'avoue que j'ai été très faible dans ma douleur. Mon état présent est d'une tristesse paisible, avec un fréquent souvenir qui réveille ma peine (3). »

Si nous voulons pénétrer encore mieux dans l'âme de Fénelon, et voir comment il accepte ces

______

(1) *Lettres de Fénelon au marquis de Fénelon*, 3 novembre : *à l'abbé de Beaumont*, 7, 8, 9 novembre ; *au marquis de Fénelon*, 12 novembre. Œuv. VII, 435-437.

(2) *Lettre au vidame d'Amiens*. 15 novembre 1710. Œuv. VII, 332.

(3) *Lettre au P. Lami*. 20 décembre 1710. Œuv. VII, 679.

épreuves que Dieu lui envoie (1), et dans quel état elles le laissent, lisons cette lettre qu'il adresse à la sœur Charlotte de Saint-Cyprien, carmélite :

« Je n'ai point, ma très honorée sœur, la force que vous m'attribuez. J'ai ressenti la perte irréparable que j'ai faite, avec un abattement qui montre un cœur très faible. Maintenant mon imagination est un peu apaisée ; et il ne me reste qu'une amertume et une espèce de langueur intérieure. Mais l'adoucissement de ma peine ne m'humilie pas moins que ma douleur. Tout ce que j'ai éprouvé dans ces deux états n'est qu'imagination et qu'amour-propre. J'avoue que je me suis pleuré en pleurant un ami qui faisait la douceur de ma vie, et dont la privation se fait sentir à tout moment. Je me console, comme je me suis affligé, par lassitude de la douleur et par besoin de soulagement. L'imagination, qu'un coup si imprévu avait saisie et troublée, s'y accoutume et se calme. Hélas ! tout est vain en nous, excepté la mort à nous-mêmes que la grâce y opère. Au reste, ce cher ami est mort avec une vue de sa fin qui était si simple et si paisible, que vous en auriez été charmée. Lors même que sa tête se brouillait un peu, ses pensées confuses étaient toutes de grâce, de foi, de docilité, de patience et d'abandon à Dieu. Je n'ai jamais rien vu de plus édifiant et de plus aimable : je vous raconte tout ceci pour ne vous

_____

(1) Au milieu de ses plus cruelles anxiétés il écrit : « La volonté de Dieu est toujours infiniment aimable, même lorsqu'elle écrase... O que je souffre, et que j'aime la volonté qui me fait souffrir ! » *Lettre à l'abbé de Beaumont*, 8 novembre 1710. Œuv. VII, 436.

représenter point ma tristesse, sans vous faire part de cette joie de la foi dont parle saint Augustin, et que Dieu m'a fait sentir en cette occasion. Dieu a fait sa volonté ; il a préféré le bonheur de mon ami à ma consolation : je manquerais à Dieu et à mon ami même, si je ne voulais pas ce que Dieu a voulu. Dans ma plus vive douleur je lui ai offert celui que je craignais tant de perdre (1) ».

Aux soucis qu'avait Fénelon pour son propre diocèse, l'année 1711 vint en ajouter d'autres qu'il eut, comme métropolitain, pour le diocèse de Tournai. Au mois de septembre 1709 les ennemis s'étaient emparés de cette ville. Le prince Eugène avait témoigné des égards pour l'évêque, M. de Beauvau ; mais quand, par suite d'arrangements particuliers, il eut remis Tournai aux mains des Hollandais, ceux-ci, en leur qualité de protestants, se montrèrent moins bien disposés pour l'évêque. Les Jansénistes étaient assez nombreux dans le diocèse ; à leur tête était un abbé Ernest, il fut en grande faveur auprès des États de Hollande. L'évêque saisit l'occasion de quelques difficultés qui lui étaient ainsi créées dans son administration, pour s'éloigner de son diocèse. Il vint à Versailles ; ajoutons qu'il y était aussi attiré par l'espérance d'échanger son siège contre celui de Toulouse, qui lui avait été déjà presque promis (2). Les États généraux de Hollande le firent sommer de revenir, et à l'expiration du délai qui lui avait été fixé, ils firent saisir ses revenus.

(1) *Lettre du 17 janvier 1711.* Œuv. VIII, 456.
(2) Il fut en effet appelé à cet archevêché en 1713.

Fénelon avait vu avec beaucoup de regret M. de Beauvau quitter son diocèse. Au fond il condamnait la conduite du prélat, comme on peut le voir dans une lettre toute confidentielle au P. Le Tellier. « Il y a un an et demi que les ennemis l'attendent, le pressent de revenir, en lui offrant les meilleurs traitements... Ils font tout ce qu'il y a de plus effectif pour le rappeler; ils protestent qu'ils ne demandent que son retour, qu'ils ont mis ses revenus en dépôt, sans vouloir ni les confisquer ni les appliquer à aucune bonne œuvre, pour le presser, par l'intérêt de ses revenus accumulés, à revenir dans sa place (1) ». Et à M. de Chevreuse : « La non-résidence de M. l'évêque de Tournai scandalise cette frontière... A supposer même qu'il lui fût interdit de demeurer dans sa ville épiscopale, il devrait aller à Courtrai, qui n'est pas une conquête des Hollandais; et à défaut de Courtrai, qu'il se tienne sur quelque point de la frontière; que sa présence soutienne le bon parti dans son clergé, lève le scandale de sa longue absence, édifie les peuples, et arrête les entreprises du mauvais parti (2) ».

Un schisme était en effet à craindre. Les États de Hollande, invoquant un droit de souveraineté, avaient prétendu nommer aux canonicats vacants dans l'église de Tournai. Ils avaient choisi des ecclésiastiques jansénistes, et parmi eux Ernest, qu'ils voulaient même faire doyen du chapitre. Ce n'est pas tout : se prévalant de la trop longue

(1) *Lettre* du 5 février 1711. Œuv. VIII, 422-424.
(2) *Lettres* du 5 janvier et du 25 mars 1711. Œuv. VII, 333, 337.

absence de l'évêque, ils supposèrent le siège vacant et quand Louis XIV donna enfin à M. de Beauvau l'ordre de retourner dans son diocèse, ce fut des États que vint le refus de le laisser rentrer à Tournai.

Les chanoines considéraient les derniers nommés comme des intrus, et ils protestaient au nom des lois de l'Église. Dans les circonstances critiques où ils se trouvaient, ils demandèrent à leur métropolitain son avis. Fénelon les exhorta à résister aux empiètements sur le domaine spirituel, mais en même temps à se montrer « soumis, respectueux, modestes, zélés pour l'obéissance à l'égard du temporel (1) ». Tous les conseils de Fénelon dans cette affaire sont dictés par un esprit de fermeté et de prudence tout à la fois.

La nomination d'un nouvel évêque à Tournai avait paru à Fénelon le meilleur moyen de résoudre toutes les difficultés. Il avait même écrit à M. de Berlo, évêque de Namur, pour lui exprimer son désir de le voir remplacer M. de Beauvau à Tournai (2). Mais M. de Berlo ne se montra pas du tout disposé à quitter le diocèse où il vivait tranquille. M. de Beauvau finit par donner sa démission, et tranféré à Toulouse, eut pour successeur à Tournai M. de Lowenstein (3).

Lorsqu'au printemps de 1711 tout était en mouvement pour la reprise des opérations militaires,

____

(1) *Lettre à un chanoine de Tournai*, 18 septembre 1712. Œuv. VIII, 436.

(2) *Lettre* du 5 mars 1711. Œuv. VIII, 472.

(3) Voir pour toute cette affaire de Tournai, Œuv. VIII, 419-438.

Fénelon prescrivit, comme chaque année, des prières publiques, pour demander à Dieu le succès de nos armes, mais aussi et surtout la paix. « Il y a déjà plus de dix ans, mes très chers frères, que nous soupirons en vain après une heureuse paix. Elle s'enfuit toujours, pour ainsi dire, devant nous, et elle échappe à nos désirs les plus empressés. Il semble que nous soyons au temps marqué par ces terribles paroles : *Il lui fut donné d'enlever la paix de la terre afin qu'ils s'entretuent.* Hélas ! où la trouvera-t-on cette paix que le monde ne peut donner ? Elle n'habite plus en aucune terre connue. La guerre est comme une flamme que le vent pousse rapidement de peuple en peuple jusqu'aux extrémités de l'Europe, et l'Asie même va s'en ressentir. O Dieu ! voyez les larmes de votre Église. Cette guerre divise ses enfants et rassemble ses ennemis ; cette guerre la menace de tous côtés, et nous craindrions tout pour elle, si les portes de l'Enfer pouvaient prévaloir (1) ».

Au moment où Fénelon écrivait ce mandement, un évènement d'une importance considérable venait de se produire. Le 14 avril le Grand dauphin mourait presque subitement à Meudon. Cette mort inattendue bouleversa toute la cour. Le duc de Bourgogne ressemblait si peu à son père que toutes les prévisions, tous les calculs relatifs à un nouveau règne se trouvèrent dérangés. De là dans le monde des courtisans les émotions les plus variées : regrets chez les uns, espérances chez les autres, chez tous préoccupation de l'avenir. Saint-

____

(1) *Mandement pour des prières*, 25 avril 1711. Œuv. VI, 184-185.

Simon a retracé dans des pages saisissantes le tableau qu'offrait le palais de Versailles, quand arrivèrent les nouvelles de la maladie et de la mort du prince. Ce qu'on ressentit à l'archevêché de Cambrai, nous ne pouvons que le deviner ; car dans la seule lettre où Fénelon parle du « grand coup que la mort vient de frapper », nous ne trouvons que l'expression de pensées chrétiennes, et des conseils pour celui qui se trouvait maintenant si rapproché de la royauté(1).

Il est difficile cependant, disons mieux, il est impossible de croire que Fénelon n'ait pas songé tout de suite au changement qui, selon toute apparence, allait un peu plus tard s'opérer dans sa situation personnelle. « Quelle préparation, dit Saint-Simon, quel rapprochement d'un triomphe sûr et complet ! Quel puissant rayon de lumière vint à percer tout-à-coup une demeure de ténèbres ! En un clin d'œil son pupille devient dauphin : en un autre il parvient à une sorte d'avant-règne. Quelle transition (2) ». Quelles perspectives s'ouvraient devant Fénelon !

On croyait déjà, dans le public, qu'il allait prochainement revenir à la cour. Le P. Lallement lui parle des bruits qui courent à ce sujet : « Tout Paris vous attend ici, Monseigneur, au premier jour. M. le dauphin a demandé votre retour au roi, pour seule grâce qui lui tiendrait lieu de toutes les

(1) *Lettre à* ...., avril 1711. Œuv. VII, 341. M. de Bausset croit que cette lettre a été adressée au duc de Beauvilliers ; M. Gosselin pense qu'elle a dû être plutôt envoyée au P. Martineau, confesseur du duc de Bourgogne.

(2) *Mémoires,* IX, 288.

autres (1) ». À Rome même, sur la foi des gazettes, on disait que le duc de Bourgogne avait fait de Fénelon son premier conseiller, son ministre (2).

Quelques lignes d'un bref adressé à Fénelon par le pape vers ce temps-là semblent significatives. Après l'avoir remercié des renseignements qu'il a envoyés sur l'état de la religion dans les Pays-Bas, et sur son zèle à défendre la foi catholique, Clément XI ajoute : « Soyez-en bien persuadé, notre paternelle affection, que vous avez acquise depuis long-temps par tant d'éclatantes vertus et votre filiale soumission au Saint-Siège, s'accroît en raison de tous les services que vous rendez, et nous pourrons mieux la témoigner par des effets, dès que se présentera une occasion opportune de vous en donner des marques (3). » Comment ne pas croire que c'est au cardinalat qu'il fait allusion, au cardinalat, qui attend Fénelon, dès que les circonstances favorables que l'on peut prévoir maintenant le permettront, c'est-à-dire dès que le ressentiment du roi sera apaisé ?

Comment Fénelon accueillit-il l'idée d'un prochain retour de fortune ? Sa disgrâce, quoique

----

(1) *Lettre* du 17 mai 1711. (Œuv. VII, 702.

(2) « Tibi toto corde gestio gratulari de nuntio a publicis, ut vulgo dicitur, *gazzette* accepto, videlicet quod amplissima Dominatio tua a Serenissimo Galliarum delphino declarata sit ejus primarius consiliarius, seu minister. » *Lettre du cardinal Gabrielli à Fénelon*, 21 juillet 1711. (Œuv. VIII, 13.

(3) « Tibi propterea persuasum esse cupimus, propensæ jam pridem erga te, ob virtutum tuarum præstantiam ac filiale in hanc Sanctam sedem obsequium, paternæ nostræ voluntati magnam eo nomine cumulum adjectam fuisse, quod sane uberius declaraturi tibi reipsa sumus, ubi opportunæ sese nobis obtulerint occasiones de te bene merendi. » *Bref du 17 août 1711.* (Œuv. VIII, 359.

supportée dignement, lui était restée pénible ; au
fond il en souffrait toujours ; il n'avait pu se détacher entièrement de tout ce qu'elle lui avait enlevé ;
il était résigné, mais d'une résignation mêlée de
regrets qu'il ne s'avouait peut-être pas à lui-même.
Le sacrifice, le renoncement absolu est si difficile
à l'humaine nature, même chez un Fénelon !
Ses lettres, malgré toute la réserve qu'il garde
quand il parle de lui-même, trahissent parfois un
malaise, un combat intérieur. Ainsi, à l'époque
même où nous sommes arrivés : « Je haïs le
monde, dit-il, je le méprise, et il me flatte néanmoins un peu ; je sens la vieillesse qui avance insensiblement, et je m'accoutume à elle sans me
détacher de la vie. Je ne trouve en moi rien de
réel, ni pour l'intérieur ni pour l'extérieur. Quand
je m'examine je crois rêver, et je me vois comme
une image dans un songe (1) ». Quelque chose du
vieil homme subsistait toujours chez le chrétien ;
et, sans faire injure à Fénelon, il est permis de supposer qu'il ressentit une secrète satisfaction de ce
que les événements semblaient préparer pour lui.

Ce qu'il écrivait peu de temps avant la mort du
Grand dauphin, que le torrent des officiers allait

---

(1) *Lettre à la duchesse douairière de Mortemart*, 27 juillet 1711.
Œuv. VII, 348. — Il écrit encore : « Le monde ne m'est rien, et
il est trop tard pour commencer à parler politique. Je suis vieux,
infirme, désabusé des hommes, et content de mourir loin de
leur agitation. *Lettre à l'abbé de Salians*, 5 janvier 1709. Œuv.
VII, 647. — Pour moi je n'ai aucun besoin ni aucun désir de
changer ma situation ; je commence à être vieux, et je suis
infirme. On m'a renvoyé ; c'est à moi à demeurer en paix dans
ma place. *Lettre au P. Le Tellier*, 1710. Œuv. VII, 651. » Nous
ne doutons pas de sa sincérité ; mais ne se trompe-t-il pas lui-
même sur ses dispositions secrètes ?

fondre sur l'archevêché, fut plus vrai encore après cette mort. Cette affluence de visiteurs à Cambrai faisait craindre à M. de Chevreuse que Fénelon ne pût faire son voyage annuel à Chaulnes. Cette fois ce n'était plus seulement pour le plaisir d'être ensemble pendant quelques jours que les deux amis désiraient se réunir ; ils avaient à s'entretenir des affaires de l'État. Le duc de Bourgogne semblait à la veille de régner : il devait arrêter ses projets pour cet avenir prochain, et décider les réformes à entreprendre pour le bien du royaume. Voilà ce qui ferait l'objet des conférences de Chaulnes. « Nous démêlerons plus de questions en une semaine, écrit Fénelon, que je ne pourrais le faire par de très longs mémoires qui me coûteraient plusieurs mois de travail. Je me bornerais, à Chaulnes, de mettre dans une espèce de table, comme un agenda, le résultat de chaque conversation. Cette table vous rappellerait toutes les maximes arrêtées entre nous ; et les maximes arrêtées entre nous vous mettraient en état de donner la clé des tables ». Et un peu plus tard : « Préparez, par des espèces de tables, toutes vos questions (1)».

Comme il était convenu, ils se virent à Chaulnes, en novembre ; ils discutèrent, point par point, les plus graves sujets politiques. Du reste le duc de Bourgogne avait souvent agité les mêmes matières dans ses colloques avec ses intimes, fidèles représentants des idées de Fénelon. Ces entretiens avaient maintenant leur résumé et leur con-

(1) *Lettres au duc de Chevreuse*, du 9 juin et du 27 juillet 1711. Œuv. VII, 342, 347.

clusion, dans l'écrit où les résolutions à prendre étaient nettement déterminées et proposées.

C'est le résultat de ces conférences que nous possédons sous le titre de *Plans de gouvernement* ou de *Tables de Chaulnes* (1). *L'Examen* avait surtout un caractère moral et religieux : c'était l'œuvre d'un directeur de conscience. Ici c'est l'écrivain politique, disons plus, c'est le futur ministre qui expose ses vues, qui précise ses théories, explique ce qui devra se faire : nous dirions aujourd'hui qu'il trace son programme.

Ministre : nous serions étonnés s'il n'avait pas pensé qu'il le deviendrait. En écrivant les plans de gouvernement, il entendait bien ne rien donner à l'utopie. Ce n'était pas à une cité imaginaire qu'il pensait ; c'est la France qu'il regardait en signalant au duc de Bourgogne tout ce que réclamaient les besoins de l'État, et qu'il était possible de faire. Que dans son zèle pour le bien public le prince acceptât ce que lui proposeraient les conseillers en qui il avait toute confiance, cela n'était pas douteux : mais pour l'exécution, à qui s'adresserait-il ? A qui ? Il était facile de le prévoir. N'était-il pas tout désigné pour cette fonction celui qui n'avait jamais cessé d'être le maître de son esprit et de son cœur, à qui il s'abandonnait sans réserve ? On ne se représente guère le duc de Bourgogne régnant, sans Fénelon pour ministre.

Ce rôle semblait si bien dévolu au prélat que le duc de Chreveuse ne put s'empêcher dans une de ses lettres d'y faire allusion. Comment en effet

(1) Œuv. VII, 182-188.

comprendre autrement ses paroles, lorsqu'à propos des précautions à prendre dans l'intérêt de Fénelon, il dit, dans ce langage un peu mystérieux dont la correspondance nous offre plus d'un exemple : « Pour ne point mettre de nouveaux obstacles à l'ordre inconnu de Dieu (1) »,

Ce que dit Saint-Simon que jamais, dans ses entretiens, Fénelon ne laissa échapper un mot qui fit soupçonner ce qu'il pouvait encore être, on peut le dire de sa correspondance. Mais si les lettres ne décèlent rien, les *Tables de Chaulnes* parlent assez clairement : elles prouvent, suivant nous, qu'il se préparait pour l'heure où il serait appelé à prendre part aux affaires de l'État.

Dans les *Plans de gouvernement*, après quelques indications sur la nécessité de faire la paix, et sur les moyens de continuer la guerre, vient l'exposé des réformes à opérer, rangées sous les sept chefs suivants : état militaire, ordre de dépense à la cour, administration intérieure du royaume, église, noblesse, justice, commerce.

L'analyse détaillée des *Plans* nous entraînerait trop loin ; il suffit d'en faire voir les traits essentiels. Pour ramener l'autorité royale dans de justes limites, Fénelon veut que la nation, par ses députés, intervienne dans le règlement de ses intérêts. Il y aura trois sortes d'assemblées, subordonnées les unes aux autres, et composées de représentants des trois ordres. D'abord, dans chaque diocèse une petite assemblée, dite *Établissement d'assiette*, composée de l'évêque, des seigneurs du pays, et

____

(1) *Lettre à Fénelon*, 6 septembre 1711. Œuv. VII, 356.

de députés du tiers-état, chargés de la répartition des impôts. Puis des *États provinciaux* formés de la réunion des députés de chaque diocèse, pour réviser et corriger ce travail de répartition, et régler la destination des fonds obtenus. Fénelon supprime les traitants ou fermiers généraux : car les États, intéressés à soulager la province, feront lever par leurs agents les impôts avec plus d'économie et d'équité. Ils auront aussi le pouvoir administratif : donc plus d'intendants. Seulement le pouvoir central exercera de temps en temps sa surveillance par des *missi dominici*.

Au sommet sont placés les *États généraux*. En feront partie trois membres par chaque diocèse, savoir l'évêque, un seigneur élu par les nobles, et un homme considérable du tiers-état, élu par le tiers-état. Les élections seront complètement libres ; le roi ne devra recommander personne ; et pour que son influence ne s'exerce pas trop sur les députés une fois élus, aucun d'eux ne pourra avoir d'avancement que trois ans au moins après sa députation finie. Les États généraux devront se réunir tous les trois ans ; ils pourront siéger aussi longtemps qu'ils le jugeront nécessaire. Non seulement ils réviseront les comptes de tous les États particuliers, et régleront pour tout le royaume les fonds à lever par rapport aux charges extraordinaires ; mais ils étendront leurs délibérations sur toutes les matières de justice, de police, de finance, d'agriculture, de commerce, de guerre, d'alliances et de négociations de paix. Grande, on le voit, est l'autorité que Fénelon réclame pour les États généraux ; s'ils l'obtiennent, c'est la fin du pouvoir absolu, et l'avénement du régime représentatif en France.

Fénelon passe ensuite aux rapports de l'Église et de l'État : il veut que ces deux puissances, tout en se prètant un secours mutuel, restent entièrement indépendantes l'une de l'autre. Dans le spirituel, le prince, s'il veut être chrétien, doit être soumis au pasteur comme le dernier laïque ; pour le temporel, les pasteurs sont soumis au prince comme les derniers sujets. L'Église doit avoir le droit d'élire, de déposer, d'assembler les évêques. Fénelon laisse voir son peu de goût pour ce qu'on appelle les libertés gallicanes, qui ont pour effet que « le roi dans la pratique est plus chef de l'Église que le pape : liberté à l'égard du pape, servitude vers le roi ». Si Fénelon repousse toute ingérence du prince dans le spirituel, il ne renonce pas moins à tout privilège des pasteurs dans le temporel ; ainsi il reconnait aux princes le droit d'appliquer la loi commune au pasteur jusqu'à le faire mourir. C'était, il faut en convenir, une idée assez hardie pour l'époque.

Mais nous ne pouvons, en ce qui touche la noblesse, donner le même éloge à Fénelon. Il ne songe pas à rapprocher la caste privilégiée du reste de la nation ; les mesures qu'il propose vont toutes à fortifier dans l'État l'élément aristocratique. Il demande qu'un nobiliaire soit établi dans chaque province sur une recherche rigoureuse. Ce ne sera pas assez d'avoir fait sortir de la noblesse tous ceux qui n'avaient, pour y figurer, que des titres douteux ; il ne veut plus que désormais personne puisse s'y introduire, soit par mariage, soit par un acte de la volonté royale : ainsi les mésalliances seront interdites aux deux sexes, et les anoblissements défendus, excepté dans le cas de services signalés rendus à l'État (1). Une fois ces précautions prises pour conserver la noblesse pure et sans mélange, il faut la soutenir, et pour cela toute maison aura son bien substitué à jamais, un majorat ; de plus toutes les charges militaires et les emplois à la cour seront accordés aux seuls nobles. En même temps il maintient, dans cet ordre privilégié, une hiérarchie sévère : ainsi les ordres du Saint-Esprit et de Saint-Michel seront réservés, le premier aux maisons distinguées par leur éclat et leur ancienneté, sans origine connue (2); le second aux gentilshommes de noblesse moindre, quoique encore bonne ; mais ni à l'un ni à l'autre de ces deux ordres ne pourront aspirer les militaires sans naissance proportionnée. Au plus haut de l'échelle sont les ducs, personnages si considérables qu'il faut, pour ne pas amoindrir leur dignité, en limiter soigneusement le nombre : le roi n'en pourra créer un que lorsqu'un duché sera devenu vacant; et pour donner à cette création encore plus de solennité, c'est dans les États généraux réunis que

(1) Ce n'est là qu'une concession illusoire. Comment aura-t-on pu rendre de grands services à l'État, si l'entrée à tous les postes, à toutes les fonctions où l'on peut se signaler, est fermée à ceux qui ne sont pas nobles, si un Chevert par exemple est condamné à rester sergent? Et il en est de toutes les carrières comme de la profession militaire.

(2) N'avoir aucune origine connue, c'était pouvoir faire ses preuves depuis 1399. On avait choisi cette date parce qu'elle était antérieure, disait-on, à tout anoblissement.

le nouveau duc sera admis. Ces dispositions auraient ravi Saint-Simon.

Pendant longtemps les gentilshommes se sont glorifiés de ne connaître que le métier des armes ; toute autre profession leur semblait indigne de leur race. Fénelon leur accorde la liberté d'entrer dans la magistrature, et leur permet même le commerce en gros, sans déroger. S'inspire-t-il en cela d'idées aussi libérales qu'on a voulu le croire ? Nous le verrons tout à l'heure.

Pour l'administration générale du royaume, indépendamment du Conseil d'État, où le roi sera toujours présent, Fénelon propose l'établissement de six autres Conseils. Quelles seront leurs attributions ? Ils ne les définit point ; mais il semble bien que ces conseils sont destinés à remplacer les ministres.

Telle est, dans ses traits principaux, la politique de Fénelon. On l'a souvent loué de son esprit libéral : peu s'en faut même que quelques écrivains ne le regardent comme un des précurseurs des hommes de 1789. Cette appréciation nous semble peu exacte. Sans vouloir lui refuser les éloges auxquels il a droit, voyons dans quelle mesure il convient de le louer.

Approuvons-le d'avoir porté un jugement sévère sur le gouvernement absolu, d'en avoir dénoncé les abus, et montré la nécessité d'introduire des réformes dans l'État. Il a bien vu les fautes du grand règne, jusque là si admiré, si vanté ; il les signale. Ennemi du pouvoir absolu, qui n'est que de date assez récente et s'est établi par une suite d'usurpations, il veut ramener l'autorité royale dans de justes limites.

Quand Fénelon songe à traiter la France comme une malade, pour lui rendre une meilleure constitution, il a raison. Mais s'ensuit-il que les remèdes qu'il prétend appliquer soient salutaires ? La réforme capitale qu'il entreprend, c'est que la royauté se relâche de son omnipotence. Que le souverain n'absorbe plus en lui tous les droits, qu'il ne puisse plus dire : « L'État, c'est moi », à la bonne heure. Mais au profit de qui se fera le partage du pouvoir ? Est-ce au profit de la nation, représentée surtout par le tiers-état ? C'est bien là en effet l'évolution qui est dans la force même des choses, et qui va s'accomplir avant la fin du siècle, dans la société française. Est-ce là ce que pressent Fénelon, ce qu'il veut préparer ? En aucune manière : au lieu d'aller en avant, il retourne en arrière ; il veut faire l'avenir à l'image du passé. La restitution de la noblesse dans ses droits, dans ses privilèges, dans sa puissance, comme elle existait avant Louis XIV, avant Richelieu, voilà surtout le but qu'il poursuit. Il ne voit pas que si la monarchie absolue a eu sa raison d'être, que si elle a pu s'établir, c'est qu'elle répondait à un besoin, à un vœu de la nation, qui se trouvait mieux d'un maître unique que d'une foule de maîtres particuliers. Le tiers-état avait grandi et triomphé avec la royauté, pour triompher plus tard de la royauté elle-même. Si Fénelon s'était rendu mieux compte des nécessités de son époque et du mouvement des idées, aurait-il songé à une restauration aristocratique ?

Les dispositions qu'il prescrit, vérification rigoureuse de tous les titres, interdiction des mésalliances et des anoblissements, auraient eu pour effet d'établir entre la noblesse et le reste de la nation une barrière infranchissable. Tout ce qu'il propose, c'est, nous avons regret à le dire, si l'on y regarde bien, pour assurer à l'ordre privilégié une suprématie de plus en plus incontestée. Il maintient aux gentilshommes la possession exclusive des charges militaires. Mais ce n'est pas seulement par l'épée qu'on peut avoir de l'importance : avec le temps les emplois de judicature, jadis négligés, dédaignés, ont fait des gens de robe des personnages considérables ; l'autorité est passée en grande partie de la noblesse aux parlements. Dès lors, pour rendre aux nobles ce qu'ils ont perdu, Fénelon leur ouvre les rangs de la magistrature ; il désire qu'ils y prennent la place des roturiers ; il leur réserve, autant que possible, les postes les plus élevés. Des magistrats d'épée, et portant l'épée au lieu de la robe, pour qu'on ne les confonde pas avec ceux qui sortent de la bourgeoisie, voilà une réforme qu'il recommande. Ce n'est pas tout : la richesse est devenue, elle aussi, une puissance, et elle s'acquiert par le négoce : faut-il abandonner entièrement aux roturiers cette source d'influence ? Fénelon déclare qu'à exercer le commerce en gros on ne dérogera plus. Il a songé beaucoup moins, je le crains bien, à honorer la dignité de la magistrature, et à relever le commerce d'une défaveur imméritée, qu'à soutenir les intérêts de la noblesse.

Il faut reprendre au tiers-état une partie des conquêtes qu'il a faites. Fénelon sans doute ne le

dit pas formellement : mais c'est bien l'idée à
laquelle il obéit dans les changements qu'il propose
pour l'administration de la justice : diminuer le
nombre des charges, supprimer les présidiaux, rétablir les baillis d'épée. Il lui déplait encore que le
chancelier, qu'il considère comme le chef du tiers
état, ait une trop haute situation. « Il devrait, dit-
il, avoir un moindre rang, comme autrefois. »

Enfin quand il demande la création de six Conseils pour toutes les affaires du royaume, n'est-ce
pas encore contre les ministres bourgeois, tels
que Louis XIV avait soin de les choisir, que ce**t**te réforme est dirigée, même si les ministres s'ap-
pellent Le Tellier, Colbert, Louvois, Seignelai ?
Ces Conseils, on ne pouvait en douter, seraient
composés des personnes les plus qualifiées.
On en fit l'essai pendant la Régence ; on sait ce
qu'ils donnèrent. Les réunions, où chacun
apporte ses vues particulières, ne valent rien
pour la décision et la suite des affaires : l'administration s'accommode mieux d'une volonté
unique.

Dans son désir de retrancher à la royauté un
pouvoir excessif, Fénelon arrive à la contrarier
même dans une de ses œuvres les plus utiles. Si la
France, au lieu d'être un assemblage de petits
États, placés à côté les uns des autres, sans lien
intime, s'est fondue en une seule nation, elle le
doit en grande partie à ses rois, qui s'efforçaient
de faire pénétrer partout l'action du pouvoir
central. La Révolution a consommé l'unité française, mais il ne faut pas oublier que la monarchie
l'avait commencée et avancée. Les intendants,

créés par Richelieu, étaient les délégués et les représentants du roi dans les provinces, où ils substituaient peu à peu des règles générales et uniformes à des règles particulières et diverses : les supprimer comme le veut Fénelon, c'était séparer encore plus tous ces membres qu'il convenait d'amener à ne plus faire qu'un seul corps. Nous louerons volontiers les États provinciaux (1) : ils pouvaient, comme fait aujourd'hui le Conseil général dans chaque département, rendre de précieux services. Mais Fénelon ne se contente pas pour eux d'un rôle modeste, quoique fort utile. Il va jusqu'à leur livrer l'administration presque tout entière : en leur accordant le *pouvoir de policer, corriger, destiner les fonds*, il leur donne à faire, suivant leurs vues, une police, une justice et des finances, qui pourront ne pas ressembler du tout à celles des autres provinces ; c'est la division définitive de la France en beaucoup de petites Frances. Sans doute au-dessus sont les États généraux, mais ils auront surtout à délibérer sur toutes les affaires extraordinaires. La révision des décisions prises par les États particuliers, pour leur ressort, ne sera le plus souvent qu'une pure formalité, et chaque province aura son indépendance et son autonomie.

L'idée de réunir tous les trois ans les États généraux, en leur accordant des attributions étendues, était sans doute excellente : réalisée, elle eût marqué la fin de l'absolutisme ; mais encore Fénelon aurait-il dû déterminer avec plus de précision les

(1) Fénelon veut en établir partout, dans les pays dits *pays d'élection.*

pouvoirs de ces États. Si leur rôle ne doit pas se borner à exprimer des doléances, des vœux, à donner des avis, dans quelle mesure leurs délibérations auront-elles force de lois? Ce sont les questions qu'il faudrait avoir résolues, quand on prétend apporter au pays une nouvelle forme de gouvernement : sinon on risque de préparer surtout des conflits. Sur ce point Fénelon reste trop dans le vague, comme s'il comptait sur la sagesse du roi et des États généraux pour régler leurs rapports réciproques, et faire en toute circonstance un équitable partage de la souveraineté.

Ce n'est pas tout : cette assemblée, qui se réunira auprès du trône, est-elle vraiment une assemblée nationale? Nous avons vu comment elle est composée : trois députés par diocèse, un de chaque ordre. Pour le clergé point d'élection : l'évêque est membre de droit; point d'abbé, point de curé, point de religieux, mais l'épiscopat tout entier, rien que l'épiscopat; il n'y aurait point eu de place pour un Maury, pour un Grégoire; tous les représentants du clergé sont désignés sans le concours du clergé. Pour le second ordre, l'élu doit être pris parmi les seigneurs de haute noblesse; et pour le troisième, parmi les hommes les plus considérables du tiers état. Or comme presque tous les évêchés étaient dévolus aux fils des grandes familles, c'est à la haute noblesse qu'aurait appartenu la majorité des sièges aux États généraux. Une monarchie tempérée par l'aristocratie, voilà bien en effet pour Fénelon le meilleur des gouvernements (1) : tout

____

(1) Ramsay, dans son *Essai sur le gouvernement civil*, dit qu'il

ce qu'il enlève de pouvoir à la royauté, il le donne à la noblesse : est-ce là ce qu'on peut appeler vraiment une réforme ?

Avec les États de divers degrès tels qu'il les constitue, Fénelon estime que les impôts seront mieux répartis, et perçus avec moins de frais. C'est possible, quoique pourtant la répartition ne soit pas faite par ceux qui ont le plus d'intérêt à ce qu'elle soit bien faite. Quant à l'économie de perception, c'est un avantage sans doute qui n'est pas à dédaigner. Mais le remède est bien insuffisant pour les maux dont souffre la nation ; ce qu'il faudrait surtout pour soulager le peuple et mettre de l'équité dans le régime financier, c'est que tous aient à supporter leur part de l'impôt, et que toutes les immunités soient supprimées. Le clergé, sans avoir sa part proportionnelle de charges, payait bien quelque chose, le décime, le don gratuit; mais la noblesse était absolument exempte de toute charge pécuniaire. Ce privilège, Fénelon n'y touche pas : or, quand on se propose de détruire les abus, ce n'est pas aux moindres qu'il faut s'attaquer.

L'une des principales causes de la misère publique, c'étaient les dépenses, sans mesure et sans contrôle, que la royauté avait pu se permettre, en bâtiments, en fêtes, en faveurs de toute sorte accordées aux courtisans, sans parler des guerres entreprises parfois trop facilement. Fénelon, en ce point nous ne saurions trop le louer, veut qu'un

l'a composé d'après les principes qu'il a entendu souvent exprimer à Fénelon. Or le chapitre XV de cet *Essai* est consacré à démontrer l'excellence de la monarchie aristocratique.

examen exact soit fait de toutes les dépenses : on retranchera sévèrement celles qui sont inutiles ; pour les nécessaires, on fera la supputation du chiffre auquel elles doivent s'élever, en même temps que l'on dressera le compte des revenus que l'on peut tirer de l'impôt, sans nuire à l'agriculture, aux arts et au commerce ; ainsi tout sera prévu, ordonné. En un mot Fénelon demande que l'on établisse ce que nous appelons aujourd'hui le budget. Voilà pour les charges ordinaires ; mais quant aux charges extraordinaires que la guerre peut amener, les fonds ne devront être levés qu'après délibération des États généraux ; et sans doute, quoique Fénelon ne le.dise pas formellement, en vertu de cette délibération.

Citons encore, pour lui en faire un mérite, des idées avancées pour son époque : ainsi il demande « cessation de gabelles, grosses fermes, capitation et dime royale (1) ». Et cette proposition, qu'on ne peut s'empêcher de trouver bien hardie, venant d'un archevêque, « poursuivre la réforme ou suppression des ordres peu édifiants, exemple, Cluni, Cordeliers (2) ». Notons aussi ce qu'il dit sur la liberté du commerce : il va même si loin qu'il semble disposé à supprimer toute prohibition, toute douane (3) : il veut que les États généraux délibèrent « s'il faut abandonner les droits d'entrée

_____

(1) Œuv. VII, 183.

(2) *Ib.*,   id. 186.

(3) Que l'on se rappelle l'ordonnance qu'il avait rendue en 1698, (Œuv. VIII, 338), comme duc de Cambrai, sur la vente des blés du Câteau-Cambrésis. On verra combien depuis cette époque ses idées s'étaient amendées.

et de sortie du royaume » : n'est-ce pas déjà l'apparition de la doctrine du libre échange ? Il propose aussi l'établissement d'un « bureau de commerçants, que les États, aussi bien que le Conseil du roi, consulteront sur toutes les dispositions générales » : ce bureau qu'est-ce autre chose que les chambres actuelles de commerce ? Enfin dans cette « espèce de Mont-de-Piété qu'il demande pour ceux qui voudront commercer et qui n'ont pas de quoi avancer », ne retrouvons-nous pas, sous un autre nom, ces banques de prêts au commerce et à l'industrie, créées de nos jours ?

Mais Fénelon ne reste pas toujours dans ces idées pratiques, dignes d'un administrateur sérieux. Dans ses projets de gouvernement se glissent quelques unes des rêveries du *Télémaque*. En voici des exemples : « Mentor défendit tout ce qui pouvait introduire le luxe et la mollesse. Il régla les habits, la nourriture, les meubles, la grandeur et l'ornement des maisons, pour toutes les conditions différentes (1) ». Qui n'aurait cru que ces prescriptions étaient imaginées pour Salente seulement ? Fénelon songe cependant à les appliquer à la France. Il réclame des lois somptuaires : « On ruine les nobles, dit-il, pour enrichir les marchands par le luxe ». Il n'est pas favorable aux arts qui travaillent pour les élégances de la vie. Mentor renvoie aux occupations des champs une partie des artisans des villes, parce que « leurs métiers ne serviraient qu'à dérégler les mœurs ». Fénelon trouve « la France assez riche, si elle vend bien ses blés,

____

(1) *Télémaque*, X (XII). — Œuv. VI, 478.

huiles, vins. » Il ne veut pas du « profit des modes », à cause des conséquences qu'il entraîne. Mais interdire le luxe n'est-ce pas apporter déjà une entrave à cette liberté du commerce qu'il recommandait tout à l'heure ? N'y a-t-il pas là une contradiction ?

Telle a toujours été l'impuissance, l'inanité des lois somptuaires, que tout législateur éclairé les reléguera dans le pays des chimères. Mais quoi qu'il en soit, celles que Fénelon prétend établir ne seront pas les mêmes pour tous : il y en aura de particulières à chaque condition : nous revenons donc à ce règlement de Mentor, qui marquait par la diversité des vêtements, des couleurs, la différence des classes. — Autre ressemblance : dans le royaume d'Idoménée, il n'est permis de construire que des maisons de médiocre grandeur ; en France, si Fénelon ne prescrit rien quant aux maisons, il interdit les grands parcs. Ne faut-il pas reconnaitre que les utopies du *Télémaque* s'éloignent parfois moins qu'on ne l'a cru des véritables pensées de Fénelon?

Nous ne pousserons pas plus loin l'examen de ses doctrines politiques. Comme on le voit, le faux s'y mêle en certaines parties au vrai. Quand il fait le procès au pouvoir absolu, quand il veut que la nation soit consultée sur ses intérêts, qu'elle puisse se faire un peu à elle-même sa destinée et sa fortune, il a cent fois raison. Mais cette nation où la place-t-il ? Pour lui elle réside surtout dans une caste étroite, impénétrable, dont il veut non seulement maintenir, mais encore étendre et fortifier les privilèges. Ces grands changements, qui devaient s'accomplir, avant la fin du siècle, dans le sens de l'égalité démocratique, il ne les pressent point; et s'il les 'pressentait, il en serait l'adversaire. A ses yeux un des torts principaux de Louis XIV, tort qu'il importe de réparer, c'est d'avoir abaissé la noblesse, et diminué ainsi la distance qui la sépare du tiers-état.

Si les réformes inscrites dans les Tables de Chaulnes avaient été réalisées, au moins en partie, si l'État avait été organisé suivant les vues de Fénelon et de ses amis, quel cours auraient pris les événements? On peut faire à cet égard toute sorte de conjectures; on peut, si on veut, déplorer que ces plans n'aient pas été exécutés; mais à peine tracés ils furent mis à néant par une catastrophe à laquelle personne n'avait songé.

CHAPITRE XV

1712-1715

Le prince, sur qui reposaient les espérances de la nation, vint à disparaître. On sait comme la famille royale fut, dans les premiers mois de l'année 1712, cruellement atteinte. Le 12 février, la duchesse de Bourgogne expirait, presque avant qu'on la sût en danger ; six jours après, le duc de Bourgogne, frappé à son tour, la suivait dans la tombe ; puis le 12 mars, c'était leur fils aîné, le duc de Bretagne, qui succombait. Un même convoi transporta trois corps dans les sépultures de Saint-Denis.

Ces morts coup sur coup, en apparence mystérieuses, et par cela même excitant les plus affreux soupçons, jetèrent la consternation dans toute la France. Le duc de Bourgogne était l'objet d'universels regrets ; mais dans le deuil public quel dut être le deuil particulier de Fénelon ! En apprenant que le prince était gravement malade : « Si Dieu, dit-il, n'est plus en fureur contre la France, il reviendra ; mais si la fureur de Dieu n'est point apaisée, il y a tout à craindre pour sa vie... Hélas ! hélas ! Seigneur, regardez-nous en pitié. On devrait prier pour lui partout (1) ». Et quand tout est fini : « Hélas ! mon bon duc, écrit-il à M. de Chevreuse, Dieu nous a ôté toute notre espérance pour l'Église et pour l'État. Il a formé ce jeune prince, il l'a orné, il l'a préparé pour les plus grands biens ; il l'a montré au monde, et aussitôt il l'a détruit. Je suis saisi d'horreur, et malade de saisissement sans maladie. En pleurant le prince mort qui me déchire le cœur, je suis alarmé pour les vivants. Ma tendresse m'alarme pour vous et pour M. de Beauvilliers. Notre très cher prince est encore plus avant dans mon cœur que pendant sa vie (2). »

Un peu plus tard, comme le P. Martineau voulait s'occuper d'un travail sur le duc de Bourgogne, dont il avait été le confesseur, et s'adressait à Fénelon pour obtenir de lui des informations sur

----

(1) *Lettre à M.....*, 15 février 1712. Œuv. VIII, 47.

(2) *Lettres* du 27 février et du 8 mars 1712. Œuv. VII, 373, 375.

divers points, Fénelon lui répond : « Je vous avouerai franchement ma faiblesse, mon révérend Père ; je ne me sens point maintenant capable de faire la recherche des faits que vous voudriez recueillir. Je ne saurais assez louer votre zèle et la bonté de votre cœur ; mais le courage me manque pour exécuter un travail dont je désire passionnément l'exécution. Le malheur qui nous afflige a fait une si forte impression sur moi que ma santé en souffre beaucoup. Tout ce qui réveille ma peine me met dans une espèce d'émotion fiévreuse. Il faut attendre que le repos et la vue de Dieu calment mon imagination ; cependant il faut s'humilier de cette faiblesse... Dès que ma tête sera plus libre, j'en ferai quelque petit essai selon vos intentions (1) ». Ce n'est que huit mois plus tard qu'il se sentit la force de donner quelque satisfaction aux désirs du P. Martineau. « Une incommodité considérable, dit-il, a retardé la réponse que je vous dois (2) ».

Il eût été difficile en effet que sa santé ne fût pas gravement altérée ; quelle perte il venait de faire ! Quelle ruine de ses espérances pour l'État, et ajoutons pour lui-même ! Il lui fallait, pour supporter un pareil coup, toute sa religion. « Je ne puis résister à la volonté de Dieu qui nous écrase. Il sait ce que je souffre ; mais enfin c'est sa main qui frappe, et nous le méritons. Il n'y a qu'à se détacher du monde et de soi-même ; il n'y a qu'à

(1) *Lettre* du 3 avril 1712. Œuv. VIII, 58.
(2) *Lettre* du 14 novembre 1712. Œuv. VIII, 123.

s'abandonner sans réserve aux desseins de Dieu (1) ».

Mais bientôt, s'efforçant de surmonter sa douleur, pour rechercher ce que réclamaient les circonstances dans l'intérêt de la famille royale et de l'État, il écrivit quatre mémoires (2), qu'il adressa, suivant son habitude, au duc de Chevreuse. On sait les soupçons, aussi injustes qu'horribles, qui pesèrent un instant sur le duc d'Orléans. Fénelon lui-même ne put s'empêcher d'abord de les partager. Le premier mémoire est relatif à l'enquête qu'il convient de faire, mais en très grand secret, sur la mort du duc de Bourgogne. Le second a pour objet les précautions à prendre pour la vie du roi, afin de retarder le plus possible le jour où un prince mineur arrivera à la couronne. Dans le troisième, il s'occupe de la composition du Conseil de régence qu'il faudra établir pour la minorité du futur roi. Enfin dans le quatrième il expose ses vues sur l'éducation du jeune dauphin. Il presse M. de Beauvilliers, si le roi, comme il est probable, lui propose d'être gouverneur, d'accepter cette charge, malgré son âge et son légitime désir de repos ; pour empêcher un mauvais choix, et aussi en souvenir du prince qu'il a tant aimé, il doit se sacrifier, quitte à obtenir une espèce de coadjuteur, M. de Chaulnes ou M. de Charost. Il recommandait en même temps au duc de se rapprocher de Mme de Maintenon, et de s'entendre avec elle ainsi qu'avec le P. Le Tellier. Les idées de Fénelon parurent

(1) *Lettre au duc de Chaulnes*, du 4 mars 1712. Œuv. VII, 374.

(2) *Mémoires sur les précautions et les mesures à prendre après la mort du duc de Bourgogne*, 15 mars 1712. VII, Œuv. 189-194.

d'abord devoir se réaliser. M. de Beauvilliers, à qui Louis XIV venait de déclarer qu'il comptait sur lui pour l'éducation de son arrière-petit-fils, répondit qu'il était toujours prêt à exécuter les ordres du roi ; mais que son âge et sa santé ne lui permettaient plus de remplir cet emploi avec la même exactitude, et qu'il demandait pour adjoint le duc de Charost ; cela lui fut accordé.

Nous devons faire ici mention d'un autre mémoire, sur un sujet qui intéressait personnellement Fénelon. Depuis à peu près sept cents ans, la souveraineté de Cambrai avait été cédée aux évêques de cette ville par les empereurs d'Allemagne. Bien qu'en fait cette souveraineté leur eût été ravie, en droit aucun acte légitime n'avait sanctionné cette dépossession. En 1697, à l'époque du traité de Ryswick, Fénelon, en sa qualité de duc de Cambrai, avait proposé de faire au roi une cession régulière de tous ses droits de souveraineté. Aucune suite n'avait été donnée à cette offre. En 1712 il la renouvela. « Cette décision, dit-il, mise dans le traité de paix dont on parle de tous côtés, mettrait la conscience du roi dans un très solide repos, et elle assurerait à jamais Cambrai à la France ». Si le roi jugeait à propos d'accorder quelques dédommagements à l'archevêque, Fénelon n'en demandait aucun pour lui-même ; il lui suffirait qu'ils fussent réservés à ses successeurs. Mais Louis XIV n'avait point les scrupules dont Fénelon voulait l'affranchir. On ne voit pas qu'il ait tenu aucun compte de la proposition qui lui était faite (1).

(1) Voir pour cette affaire, le *Mémoire sur la souveraineté de Cambrai*. Œuv. VII, 378.

L'état des affaires allait toujours en empirant ; la misère était plus grande que jamais. Fénelon lui-même voyait approcher le moment où il n'aurait plus les moyens d'exercer la charité. « Je cours risque d'être ruiné pour le reste de mes jours, parce que les ennemis sont au Câteau ; mais je ne m'en soucie guère ; Dieu est riche ; et cela suffit (1)».

Nous venons de voir qu'il fait allusion à des bruits de paix ; des négociations encore secrètes étaient en effet engagées avec le gouvernement de la reine Anne ; mais ce qui les fit surtout avancer, ce fut l'éclatante victoire remportée le 24 juillet 1712, à Denain, par Villars.

Ce jour-là, la France était sauvée. Mais à peine rassuré sur le salut du pays, Fénelon avait fort à souffrir dans ses affections particulières. Depuis longtemps il avait des craintes sérieuses au sujet de M. de Chevreuse. « J'ai été, écrit-il au duc de Chaulnes, bien en peine de la santé de M. le duc de Chevreuse. Voyez avec Mme de Chevreuse et M. Torci (2) les moyens de le conserver par un bon régime (3) ». Et quelques mois après à son neveu : « Les nouvelles de M. de Chevreuse me donnent de l'inquiétude ; sa langueur alarme. Ce serait une perte infinie : j'en ai le cœur flétri. O que Dieu est puissant, et que nous sommes peu de chose ! (4)».

Les craintes de Fénelon ne furent que trop justifiées : le duc de Chevreuse mourut le 5 novembre

---

(1) *Lettre à M. de Chevreuse*, du 18 juin 1712. Œuv. VII, 378.

(2) C'était sans doute le médecin du duc.

(3) *Lettre* du 4 mars 1712. Œuv. VII, 374.

(4) *Lettre au marquis de Fénelon*, 30 octobre 1712. Œuv. VII, 445.

1712. Fénelon perdait en lui l'ami le plus dévoué. « Je ne puis m'accoutumer, écrit-il, à la perte irréparable que nous avons faite : je la ressentirai avec amertume le reste de mes jours (1) ». La mort de son cher prince lui avait laissé « le cœur toujours malade. Celle du cher tuteur (2) a rouvert toutes mes plaies (3). — Celui que nous avons perdu est au fond de mon cœur pour le reste de ma vie ; je ne me console point (4) ».

Il reporta sur le fils l'affection qu'il avait eue pour le père. « Vous jugez bien, lui dit-il, que je courrai comme au feu quand je vous saurai à Chaulnes, et que vous désirerez que j'aille vous y trouver ; mais ne vous gênez et ne vous dérangez en rien pour moi. Vous pouvez faire de moi comme d'un mouchoir, qu'on prend, qu'on laisse, qu'on chiffonne : je ne veux que votre cœur, et je ne veux le trouver qu'en Dieu. Bonsoir, mon cher duc. Je n'ai point de termes pour vous dire à quel point je vous suis dévoué à jamais (5) ».

Les espérances de paix qu'exprimait Fénelon dans son mémoire sur la cession de la souveraineté de Cambrai ne s'étaient pas encore réalisées au printemps de l'année 1713. « Les péchés des peuples retardent encore ces heureux jours, » lisons-nous dans le mandement pour le Carême. « Nos

(1) *Lettre au duc de Chaulnes*, 28 novembre 1712, Œuv. VII, **380**.

(2) On désignait ainsi souvent le duc de Chevreuse.

(3) *Lettre au duc de Beauvilliers*, 25 décembre 1712, Œuv. VII, **382**.

(4) *Lettre au duc de Chaulnes*, 31 mars 1713. Œuv. VII, 382.

(5) *Lettre au même*, 21 mai 1713. Œuv. VII, 384.

campagnes désertes sont encore incultes comme les plus sauvages déserts ». Toutefois les négociations d'Utrecht étaient ouvertes; il ne semblait plus douteux que la fin de la guerre fût prochaine; et dans ce même mandement Fénelon célèbre d'avance, en empruntant le langage des Écritures, les bienfaits de la paix : « *Le glaive sera changé en faulx, et la lance en soc de charrue. Écoutez le Seigneur : Si vous suivez ma loi, dit-il, je répandrai sur vous en leur saison des pluies fécondes. Vos champs se revêtiront de verdure, et vos arbres seront chargés de fruits... J'enverrai la paix autour de vos frontières. Vous dormirez, et personne ne vous alarmera... Le glaive ne passera plus auprès de votre famille. (1) »*

Au mois d'avril, l'un des familiers de Fénelon, et son grand vicaire depuis sept ou huit ans, l'abbé de Laval, « homme régulier, pieux, instruit sur le dogme et sur la discipline », quitta Cambrai. Depuis assez longtemps déjà il était proposé pour l'épiscopat, Il fut en effet nommé évêque d'Ypres (2). Fénelon le consacra, le Dimanche de Quasimodo, 23 avril (3). Que le nouveau prélat eût les qualités que réclamait son ministère, l'estime et l'amitié que lui portait Fénelon ne permettaient pas d'en douter. L'église d'Ypres pouvait

---

(1) *Mandement pour le Carême,* 23 février 1713. Œuv. VII, 189.

(2) « Sa Sainteté, écrit de Rome à Fénelon le P. Daubenton, me charge de vous assurer qu'elle fut fort aise d'apprendre que le roi eût nommé pour une place si importante une personne élevée sous vos yeux, et que vous aviez formée à l'épiscopat. » *Lettre* du 22 avril 1713. Œuv. VIII, 145.

(3) *Lettre de Fénelon au P. Daubenton,* 13 avril 1713. Œuv. VIII, 142

compter sur un digne pasteur. Mais elle eut à peine le temps de le connaître : il mourut le 26 août de la même année.

Bien que cette perte ne fût pas aussi sensible à Fénelon que celle de l'abbé de Langeron, du duc de Bourgogne, de M. de Chevreuse, elle ne laissait pas que de lui apporter un surcroît de tristesse. Lui-même d'ailleurs était alors assez éprouvé dans sa santé, toujours fort délicate. « Je continue mon lait, et je m'amuse. C'est rentrer dans l'enfance... Mon incommodité n'était point un vrai rhume : c'était une fermentation de bile qui me donnait d'abord de la fièvre, et qui m'avait laissé une disposition fiévreuse, avec une espèce de langueur et une toux fort âpre. La toux est finie, la langueur s'en va sensiblement (1) ». Elle ne s'en alla pas cependant tout à fait; elle ne le devait plus quitter. Fénelon parle lui-même en plaisantant de sa maigreur et de son *visage étique*, à propos de son portrait qui vient d'être fait. L'électeur de Cologne s'était retiré en France, pendant que les ennemis occupaient ses états. « Il a fait venir de Paris, dit Fénelon, un bon peintre qui a beaucoup travaillé pour lui à Valenciennes. Ce prince a voulu avoir aussi mon portrait: il est achevé ; il est à Paris (2) ». Il s'en fit plusieurs copies.

C'est dans le cours de cette année 1713 que furent écrites les *Lettres sur la religion*, voici à quelle occasion. Dans les désordres de sa vie, le duc d'Orléans n'avait cessé de prendre la défense de

_____

(1) *Lettres au marquis de Fénelon*, 28 mai et 1er juin 1713, Œuv. VII, 466, 467.

(2) *Lettre VI sur la religion*, 14 juillet 1713. Œuv, I, 134.

Fénelon, et quoiqu'il pût craindre le mécontente-
ment du roi, de témoigner des sentiments de respect et de vénération qu'il gardait pour l'exilé.
Saint-Simon prétend même que si Fénelon avait
vécu jusqu'à la Régence, le prince, porté pour lui
d'estime et d'inclination, lui aurait donné les premières places. Il laisse entendre que le prélat y
comptait. « Ainsi malgré sa profonde douleur de
la mort du dauphin, il n'avait pas laissé d'embras-
ser une planche dans ce naufrage ; l'ambition sur-
nageait à tout, se prenait à tout (1) ».

Il nous est difficile d'accepter ces conjectures de
Saint-Simon, car ce ne sont après tout que des
conjectures. Si l'on se représente aisément Fénelon ministre sous le règne de son élève, on ne se
le figure guère remplissant le même rôle auprès
du duc d'Orléans. A supposer que l'âge, les infirmités croissantes, et les déchirements de cœur
n'eussent pas suffi à le dégager des préoccupations
trop humaines, comment accomplir les réformes
qu'il avait rêvées, en vue desquelles seules le pouvoir était désirable? Il fallait, pour les réaliser,
diriger à son gré les pensées et les actes du prince
dont il serait le ministre : est-ce là ce qu'il aurait
pu attendre du régent ?

Quoiqu'il en soit, ce prince, trop intelligent pour
rester indifférent aux vérités philosophiques et
religieuses, et, malgré son incrédulité apparente,
obsédé du besoin de se former une croyance,
s'adressa à Fénelon pour obtenir la solution de ces
grands problèmes, tout à la fois le tourment et

(1) *Mémoires*, XI, 444.

l'honneur de l'humanité, Dieu, l'âme, la liberté,
la nécessité d'un culte, la vie future. Les lettres
écrites sur ces divers sujets par l'archevêque de
Cambrai peuvent être comptées parmi les plus admirables qu'il nous ait laissées.

Elles sont au nombre de sept (1). Les trois premières seules paraissent avoir été adressées certainement au duc d'Orléans ; on ne sait trop à qui
étaient destinées les quatre autres. Toutes ensemble elles forment un corps de doctrines complet.
Dans la première, Fénelon traite de la puissance
qui a formé l'âme et le corps, du culte qui est dû à
cette puissance, et de la vraie religion qui a été
d'abord celle des juifs, puis celle des chrétiens. Le
culte de Dieu, l'immortalité de l'âme et le libre
arbitre forment l'objet de la seconde lettre. La
troisième roule sur le culte intérieur et extérieur,
et sur la religion juive ; la quatrième sur l'idée de
l'infini, et sur la liberté de Dieu ; la cinquième,
sur l'existence de Dieu, le christianisme, et la véritable église ; la sixième sur les moyens donnés aux
hommes pour arriver à la vraie religion ; la sep-
tième enfin sur la vérité de la religion et sur sa
pratique.

Ces lettres peuvent être considérées comme la
suite et le complément d'un ouvrage que Fénelon
achevait à peu près dans le même temps : nous
voulons parler du célèbre *Traité de l'existence et des
attributs de Dieu*. Des deux parties dont se com-
pose ce traité, la première seule fut imprimée du

____

(1) *Lettres sur divers sujets de métaphysique et de religion.* Œuv.
I, 89-146.

vivant même de Fénelon, en 1712 (1), mais à son insu, dit-on, Elle fut tout de suite fort admirée, et voici le jugement qu'en portait le célèbre Leibnitz : « J'ai lu avec plaisir le beau traité de M. de Cambrai sur l'existence de Dieu. Il est fort propre à toucher les esprits, et je voudrais qu'il fit un ouvrage semblable sur l'immortalité de l'âme (2) ». Ce vœu fut réalisé, comme nous venons de le voir, dans unedes lettres au duc d'Orléans, quoique peut-être avec moins de développements que l'aurait voulu Leibnitz. Quant à la seconde partie de *l'existence de Dieu*, elle ne parut que quatre ans après la mort de l'auteur, en 1718.

On comprend qu'avec des travaux aussi importants, Fénelon n'avait guère ni le goût ni le temps de se distraire à la lecture des nouveaux ouvrages offerts au public. Il écrit à son neveu : « Demande un peu les livres que tu pourrais nous apporter. Je n'en voudrais pas beaucoup : ma curiosité est très bornée ; je sens qu'elle diminue tous les jours (3) ».

Il ne faudrait pas croire cependant que Fénelon en arrivât à se désintéresser des choses purement littéraires. Nous allons bientôt le voir écrire sa *Lettre sur les occupations* de l'Académie française. Mais dès 1713, il entre en correspondance avec La

______

(1) Elle était composée tout au moins dès 1701 ; car dans une *lettre de Fénelon à Madame de Montbéron*, 6 janvier 1702. Œuv. VIII, 642, nous lisons : « Je vous supplie d'avoir la bonté de me renvoyer l'écrit que je vous ai donné pour monsieur votre fils, où j'ai ramassé diverses preuves de la divinité, tirées de l'art qui éclate dans toute la nature : j'aurais besoin de le revoir. »

(2) *Lettre à M. Grimarest.* Œuvres de Leibnitz, V. 71.

(3) *Lettre au marquis de Fénelon*, 6 août 1713. Œuv. VII, 470.

Motte (1), La dispute sur les mérites respectifs des anciens et des modernes était alors fort vive ; et c'est de cela qu'il est surtout question dans les lettres échangées entre Fénelon et La Motte. Elles furent publiées en 1715 par La Motte. Pensait-il faire voir par là que l'illustre prélat partageait ses idées sur la supériorité des modernes ? Fénelon sans doute se montre très aimable, très gracieux pour son interlocuteur ; mais il évite d'entrer en discussion avec lui, et de se prononcer pour l'un ou l'autre parti ; il les ménage tous les deux ; il semble vouloir tenir la balance égale entre les opinions contraires. Il sut plaire à tout le monde.

Des difficultés, qui se produisaient trop souvent à propos des immunités ecclésiastiques, fournirent au pape l'occasion de donner à l'archevêque de Cambrai un nouveau témoignage de sa confiance. Les lieux sacrés servaient souvent de refuge à des gens poursuivis comme déserteurs ou coupables de quelque crime. Mais les chefs militaires et les magistrats civils souffraient impatiemment ce droit d'asile, qui soustrayait des coupables à leur justice. Les protestants surtout étaient disposés à ne point tenir compte de ces immunités ; de là des conflits regrettables à craindre. Par un bref du 9 septembre 1713 (2), Clément XI donna à Fénelon des pouvoirs extraordinaires, pour remédier dans le diocèse aux abus, et prévenir les dangers qui résultaient des immunités. Là où il le jugerait convenable les immunités seraient suspendues et même supprimées, et il aurait le droit

(1) *Correspondance avec La Motte.* Œuv. VI, 649-656.
(2) Œuv. VIII, 362.

de prononcer des peines contre tous ceux, prêtres séculiers ou religieux, qui ne se conformeraient pas à ses décisions.

Dans le même temps une autre affaire fit encore voir quelle considération toute particulière le pape avait pour Fénelon, L'abbé de Saint-Aignan, frère consanguin du duc de Beauvilliers, avait été nommé évêque de Beauvais ; mais les bulles lui furent refusées, parce que dans une thèse de licence il avait soutenu les quatre articles. Cela faisait grand bruit à la cour et à la ville. Le duc de Beauvilliers en était fort affligé. Sensible au chagrin de son ami, Fénelon écrivit au P. Daubenton une lettre, qu'il le pria de mettre sous les yeux du Souverain Pontife. Il y représentait que l'abbé de Saint-Aignan, en soutenant cette thèse, qui lui avait été d'ailleurs imposée, n'avait fait qu'user d'une liberté dont la faculté de Paris avait toujours joui, et dont Rome ne se plaignait point autrefois. Il faisait valoir les mérites du duc de Beauvilliers, ministre d'État ; le péril d'une mésintelligence entre le pape et le roi. « Au reste, ajoutait-il, je ne songe nullement à paraître dans cette grande affaire, qui est au dessus de moi, ni à me faire aucun mérite de mes bonnes intentions pour la paix. Il me suffit de représenter, dans le plus grand secret, mes faibles pensées à un pontife qui est plein d'indulgence et qui m'honore de ses bontés. Je le fais avec le plus profond respect et avec la confiance la plus filiale (1) ». Tout alla suivant les désirs de Fénelon. Le pape, touché de sa lettre,

____

(1) *Lettre* du 12 juillet 1713. Œuv. VIII. 174-176.

accorda les bulles pour l'évêché de Beauvais (1).

Il semble qu'on voulût à Versailles faire expier à Fénelon le crédit dont il jouissait à Rome. Sa nièce, Mme de Chevry, était fort malade à Paris. Qu'il désirât la voir, rien de plus naturel, et une demande, pour obtenir la permission de venir la visiter, paraissait si légitime que nous ne comprenons pas qu'elle ait pu être refusée ; elle le fut cependant. Non pas que Fénelon lui-même eût rien sollicité ; mais des démarches avaient été faites à son insu, et elles furent si mal accueillies, que Fénelon, apprenant ce qui venait de se passer, crut devoir écrire au ministre, M. Voysin. On souffre quand on le voit obligé de désavouer une démarche des plus innocentes, et comme si le désir exprimé d'aller porter des soins et des consolations à une pauvre nièce, retenue sur un lit de douleur, eût été chose coupable. Malgré les conseils si sages et si sincères donnés au duc de Bourgogne, malgré les services rendus pendant la guerre, Louis XIV resta implacable jusqu'au bout, comme s'il avait à punir un crime de lèse-majesté. Voici la lettre de Fénelon au secrétaire d'État ; elle est trop significative pour que nous ne la donnions pas en son entier :

« Je viens d'apprendre qu'une personne inconnue vous écrivit, il y a quelques mois, pour vous supplier de parler au roi, afin que je puisse aller à Paris voir ma nièce qui était alors très malade. Je comprends bien qu'on pourra ne me croire point

(1) *Lettre de Laubenton à Fénelon,* 9 septembre 1713. Œuv VIII, 182.

sur ma parole, quand je dirai que je n'ai eu aucune connaissance de cette demande, et que j'aurais taché de l'empêcher si j'en avais été averti. On pourra même penser que je ne la désavoue maintenant qu'à cause qu'elle n'a pas réussi ; mais je me livre à tout ce qu'on voudra penser de moi. Dieu sait combien je suis éloigné de tous ces détours. De plus j'ose dire, Monsieur, que ma vie ne ressemble guère à ces empressements indiscrets; je sais, Dieu merci, demeurer en paix et en silence, sans faire une tentative si mal mesurée. Personne sans exception n'a jamais poussé plus loin que moi la vive reconnaissance pour les bienfaits du roi, le profond respect qui lui est dû, l'attachement inviolable à sa personne, et le zèle ardent pour son service ; mais personne n'a jamais été plus éloigné que moi de toute inquiétude et de toute prétention mondaine. Je prie Dieu tous les jours pour la précieuse vie de Sa Majesté. Je sacrifierais avec plaisir la mienne pour prolonger ses jours. Que ne ferais-je point pour lui plaire ! Mais je n'ai ni vue, ni goût pour me rapprocher du monde. Je ne songe qu'à me préparer à la mort, en tachant de servir l'Église le rèste de ma vie dans la place où je me trouve. Au reste, je ne prends point, Monsieur, la liberté de vous rendre compte de tout ceci dans l'espérance que vous aurez la bonté de vous en servir pour faire ma cour. Vous pouvez le supprimer, si vous le jugez à propos. Je ne désire rien dans ce monde plus fortement que de remplir tous mes devoirs vers Sa Majesté avec un zèle à toute épreuve. J'ai toujours été également dans cette disposition ; mais je n'y suis excité par aucun intérêt humain. Les bienfaits passés, dont je suis comblé, me suffisent, sans chercher pour l'avenir aucun agrément dont je puisse être flatté (1) ».

Un des derniers actes épiscopaux dont nous trouvons trace dans les œuvres de Fénelon, est un mandement donné le 1er novembre 1713, relatif aux ermites. On comptait dans le diocèse un certain nombre de ces solitaires. Quoique vivant séparés les uns des autres, ils désiraient s'associer tous en congrégation. « C'est un moyen très efficace, écrit Fénelon, que Dieu vous a suggéré pour vous sanctifier dans votre état, remettre vos instituts en honneur, et édifier les autres fidèles. Nous ne pouvons que louer votre zèle, et approuver votre dessein. Nous vous érigeons donc en congrégation, sous la protection de Notre-Seigneur Jésus-Christ, de saint Jean-Baptiste et de saint Antoine, vrais modèles de tous les solitaires, vous enjoignant, au nom de Notre-Seigneur, l'exacte observance des règles que nous vous donnons... Respectez surtout, comme vos pères, les supérieurs ecclésiastiques que nous établirons, et les visiteurs ermites que vous choisirez, N'admettez à demeurer dans vos ermitages qui que ce soit, sans une permission signée de nous ou de nos vicaires généraux, ou de vos supérieurs (2) ». A vivre absolument indépendants les uns des autres, et sans être soumis à aucune règle que celle qu'ils s'imposaient eux-mêmes, des ermites avaient pu parfois ne l'être que de nom, et mener une existence assez peu édi-

---

(1) *Lettre* du 4 août 1713. Œuv. VIII, 181.
(2) *Mandement pour autoriser l'Institut des ermites.* Œuv. VI, 191.

fiante. C'est pour réprimer les abus possibles que Fénelon déclare qu'il ne tolérera plus dans le diocèse aucun ermite qui ne sera pas associé à la congrégation.

Vers la fin de 1713, l'Académie française avait décidé qu'elle engagerait tous ses membres à lui proposer leurs vues, sur les moyens par lesquels elle pourrait aider le plus efficacement aux progrès de notre langue et de notre littérature. C'est ainsi que Fénelon fut amené à écrire ce mémoire si connu sous le nom de *Lettre sur les occupations de l'Académie française*. C'est un de ces ouvrages dont on a fait tant de fois l'éloge qu'on est dispensé de le louer. Les circonstances dans lesquelles un livre a été écrit n'ajoutent rien sans doute à sa valeur ; mais si nous remarquons cependant à quelle date celui-ci a été composé, au milieu de quelles tristesses, ne devons-nous pas admirer cette possession de soi-même, cette tranquillité d'esprit, qui ont permis à Fénelon, malgré tant d'occupations et de soucis, de faire ce travail, et assez vite, quoiqu'il s'excuse à M. Dacier, le secrétaire perpétuel, de lui avoir dû trop longtemps une réponse ? « Mais ma mauvaise santé et mes embarras continuels ont causé ce retardement (1) ». A l'Académie ce discours, comme l'appelle La Motte, eut le plus grand succès : « Tout le monde fut également charmé des idées justes que vous y donnez de chaque chose : il n'appartient qu'à vous d'unir tant de solidité à tant de grâce (2) ».

(1) Œuv. VI, 615.
(2) *Lettre* du 3 novembre 1714. Œuv. VI, 654.

Il n'y avait eu qu'une voix sur le mérite de cette œuvre ; unanimité d'autant plus remarquable, que l'Académie était alors bien divisée. Mais, continue La Motte, « je vous dirai que sur Homère les deux partis (celui des anciens et celui des modernes) se flattaient de vous avoir chacun de leur côté. Vous faites Homère un grand peintre, mais vous passez condamnation sur ses dieux et sur ses héros ». Et Fénelon lui répond : « Je me trouve plus heureux que je ne l'espérais. Est-il possible que je contente les deux partis des anciens et des modernes, moi qui craignais tant de les fâcher tous deux ? Me voilà tenté de croire que je ne suis pas éloigné du juste milieu, puisque chacun des deux partis me fait l'honneur de supposer que j'entre dans son véritable sentiment. C'est ce que je puis désirer de mieux, étant fort éloigné de l'esprit de critique et de partialité (1) ». Toutefois Fénelon était-il si juste milieu qu'il voulait le dire ? Il n'est pas difficile, quand on le lit, de voir que les préférences de l'auteur de *Télémaque* vont aux anciens.

Au mois d'avril 1714, l'abbé de Beaumont partit : il allait dans le pays d'où la famille était originaire, et en revenant il devait rester quelque temps auprès de sa sœur malade, Mme de Chevry. Mais les soins à donner à cette sœur, de jour en jour plus souffrante, allaient prolonger son absence bien au-delà du terme qu'il s'était d'abord fixé. Nous ne le verrons revenir à Cambrai que pour assister aux dernières heures de son oncle.

(1) *Lettre* du 22 novembre 1714. Œuv. VI, 655.

Au moment où il s'éloignait, ce fut un dédommagement pour Fénelon de voir arriver à l'archevêché les fils et le neveu du duc de Chaulnes. Fénelon avait désiré beaucoup les avoir; leur présence apportait un peu de gaité dans la maison. « Ils ne me causent, écrit-il, ni dépens ni embarras ; au contraire ils sont ma consolation (1) ». Dans les lettres aux parents il s'entretient librement avec eux de « la petite jeunesse », entre dans beaucoup de détails sur les qualités et les défauts de chacun. Il en est un surtout dont il parle avec une complaisance marquée. « M. le comte de Montfort est sage, raisonnable et sensible à la piété, quoiqu'il soit un peu léger, et inappliqué par le goût du plaisir. Il est prévenu de grâce, et j'espère que Dieu le formera pour l'état ecclésiastique. » S'il était un peu plus avancé en âge, et si j'étais moins vieux, j'aurais bien des desseins sur lui. Je l'aime tendrement (2) ».

Ce comte de Montfort, Paul d'Albert, qui était alors dans sa douzième année, sembla d'abord ne devoir point se tourner vers l'état auquel l'appelaient les vœux de Fénelon. Il suivit pendant quelque temps la carrière militaire ; mais il la quitta bientôt pour entrer dans les ordres sacrés. Évêque de Bayeux en 1729, archevêque de Sens en 1753, cardinal en 1756, il fut l'un des amis les plus intimes de Marie Leczinska, et l'un des prélats les plus justement respectés. On aime à penser que c'est à l'influence de Fénelon, et à l'inoubliable souvenir

(1) *Lettre au même*, 12 août 1714. Œuv. VII, 387.

(2) *Lettre au duc de Chaulnes*, 23 juillet 1714. Œuv. VII, 386,

de ses leçons et de ses exemples, que le cardinal de Luynes fut peut-être redevable d'une partie de ses vertus.

Ces enfants, pour lesquels Fénelon montrait une affection vraiment paternelle, restèrent auprès de lui pendant plusieurs mois ; car il avait déclaré qu'il voulait les garder jusqu'à son voyage à Chaulnes, en octobre, époque où il les ramènerait lui-même dans leur famille.

Le duc de Chaulnes d'ailleurs n'aurait guère pu s'occuper des enfants ; car, dans le cours de cet été, il fut sérieusement malade. Fénelon, comme le témoignent ses lettres, ressentit les plus vives inquiétudes. Le fils du duc de Chevreuse lui était cher, et par lui-même et par le souvenir de son père, avec lequel il avait beaucoup de points de ressemblance : ainsi il s'usait comme lui « en petits détails et en exactitudes superflues ; il se fatiguait sur paperasseries. » Fénelon ne lui fait grâce sur aucun défaut. « Vous êtes dans les affaires comme certains hommes sont sur les chemins en se promenant, à chaque pas ils s'arrêtent pour discourir. Il faut avancer continuellement et sans précipitation. On a besoin d'être sans cesse la faucille en main, pour retrancher le superflu des paroles et des occupations... Vous allez dire que je suis un rude créancier : oui, je gronderai par excès de tendresse. — Jugez de mon zèle par mes traits satiriques (1) ». Le duc de Chaulnes l'écoutait avec

(1) *Lettres* du 23 novembre et du 5 décembre 1714. Œuv. VII, 389, 390.

la même déférence que lorsqu'il n'était encore que le jeune vidame d'Amiens.

Le 4 mai, le duc de Berry mourut à Marli des suites d'un accident de chasse. Dans aucune des lettres de Fénelon nous ne trouvons rien qui ait trait à cet événement. Le prince n'avait guère été son élève que de nom ; il était d'ailleurs des plus médiocres sous tous les rapports : Fénelon n'avait pas à le regretter. Il est difficile de croire qu'à la nouvelle de cette mort il n'ait pas cependant ressenti quelque émotion. Maintenant c'était le duc d'Orléans que sa naissance désignait pour la prochaine régence ; et si Fénelon ne pouvait, pour les raisons que nous avons indiquées, penser qu'il occuperait auprès du régent la place qui lui était assurée auprès du duc de Bourgogne devenu roi, il n'était pas douteux pourtant que non seulement son exil finirait, mais les sentiments connus du duc d'Orléans faisaient prévoir que l'archevêque de Cambrai serait un des prélats les plus considérés et les plus consultés dans les affaires religieuses. Peut-être même Fénelon alla-t-il jusqu'à se flatter de l'idée qu'il pourrait faire partager au régent quelques-unes de ses vues politiques. Ce n'est là qu'une supposition ; mais voici ce qui peut la rendre vraisemblable. MM. de Beauvilliers et de Chevreuse, après la mort du dauphin, avaient prié le duc de Saint-Simon, qu'ils savaient dans un commerce étroit avec le duc d'Orléans, de parler à ce prince en faveur de Fénelon, « pour le rappeler et l'employer grandement à la mort du roi. Je ne pouvais rien leur refuser, ajoute Saint-Simon, et j'eus d'autant moins de peine à réussir que M. le duc d'Orléans était naturellement porté d'estime et d'inclination pour Fénelon (1) ». Fénelon fut informé par M. de Chevreuse de ce qui se passait à son sujet ; il y eut donc entre lui et le duc de Saint-Simon, à la suite de ces démarches, des rapports au moins indirects.

Or, voici ce que nous lisons dans une lettre à M. de Chaulnes, qui avait succédé à son père comme intermédiaire entre Cambrai et Versailles :

« Je vous envoie un mémoire fort sincère pour M. le D. de S.-S. Il m'a paru qu'il fallait l'écrire de ma main, pour ne confier point ce secret à un secrétaire. Ayez la bonté, s'il vous plaît, de le faire transcrire par une main très sûre, et de brûler d'abord après mon original. Vous me ferez un vrai plaisir si vous voulez bien répondre à M. le D. de S.-S. de la sincérité avec laquelle je lui suis dévoué (2) ».

Il est évident pour nous que le personnage désigné par ces initiales ne peut être que le duc de Saint-Simon ; et ce *mémoire sincère*, qui doit rester secret, nous serions bien trompé s'il ne se rapportait pas à quelques questions de politique, et n'avait pas été destiné à passer sous les yeux du futur régent. C'est une conjecture que tout semble justifier.

Les registres de l'ancien chapitre de Cambrai nous apprennent, à la date du 1er juin 1714, que Fénelon venait d'enrichir son église métropoli-

(1) *Mémoires*, XI, 199.

(2) *Lettre* du 23 novembre 1714. Œuv. VII, 389.

taine d'un magnifique soleil ou ostensoir en or massif (1). « Il est venu en poste, il est fort beau nous l'avons admiré. Un quelqu'un ne savait le quel des deux côtés était le devant et le derrière : *barbarus has segetes* (2) ». Ce que Fénelon en ad mirait, c'était le travail de l'orfèvre ; mais ce qui frappa ceux qui virent l'ostensoir, et ce que la postérité a retenu, c'est qu'il était un monument de l'humilité du prélat. Fénelon avait toujours protesté de la parfaite soumission avec laquelle il acceptait la condamnation de son livre des *Ma ximes*. L'ostensoir qu'il donnait était formé d'un ange levant des deux mains la gloire où le saint sacrement était renfermé, et foulant aux pieds, sur le socle, plusieurs livres hérétiques, et parmi les titres de ces livres on lisait celui-ci : *Maximes des Saints* (3).

Le mot de Fontenelle, que M. de Cambrai avait poussé aussi loin que possible *la coquetterie de l'humilité*, est-il vrai? Si c'était, comme l'ont cru quelques écrivains, dès le lendemain de son adhé sion au bref du pape, et pour la confirmer, que Fénelon eût fait faire cet ostensoir, des esprits por tés à la critique auraient pu trouver que cette ma nière de marquer sa soumission n'était pas exempte de quelque faste. Mais quinze ans plus tard (et

(1) Le poids était, dit-on, d'une valeur de 12.000 francs.

(2) *Lettre de Fénelon à l'abbé de Beaumont*, 1ᵉʳ juin 1714. Œuv. VII, 477.

(3) Cet ostensoir n'existe plus. On a même mis en doute qu'il fût tel que le rapporte la tradition. Mais une savante dissertation, à laquelle nous ne pouvons que renvoyer le lecteur (*Histoire litté raire de Fénelon*, Œuv. I, 255-271), établit péremptoirement que a tradition est d'accord avec la vérité.

nous aimons mieux qu'il en soit ainsi), quand Fénelon, averti par le déclin de ses forces, sent que la vie va bientôt lui manquer, nous comprenons qu'il ait voulu laisser une dernière et solennelle déclaration de ses sentiments.

A mesure que nous avançons maintenant dans la correspondance de Fénelon, nous voyons que ses lettres respirent plus la tristesse, mais toujours une tristesse résignée ; il éprouve une difficulté de vivre plutôt qu'une véritable souffrance. Sa mélancolie semble s'accommoder fort bien de la solitude. « Ne soyez point en peine de moi, mais en paix et en soumission à Dieu... Ma peine est une langueur paisible, et non une douleur violente... Je ne sens aucun besoin de compagnie (1) ».

Depuis assez longtemps déjà la santé de M. de Beauvilliers l'inquiétait. Il le savait dépérissant. « Sa maladie me serre le cœur ». Mais aucune plainte : « La volonté de Dieu soit faite, aux dépens de nous et de ce que nous aimons le plus (2) ». C'était une nouvelle perte qui s'ajouterait bientôt à toutes les autres. M. de Beauvilliers mourut le 31 août. Le coup était fait pour accabler la duchesse et ses amis ; mais chez ces âmes chrétiennes rien qui ressemblât aux douleurs vulgaires. « Il y a, écrit Fénelon à Mme de Beauvilliers, une consolation qui vient de Dieu seul. Il apaise la nature désolée ; il fait sentir qu'on n'a rien perdu, et qu'on retrouve en lui tout ce qu'on semble perdre ; il nous le rend présent par la foi et par l'amour ; il

____

(1) *Lettre au marquis de Fénelon*, 30 août 1714. Œuv. VII, 483.
(2) *Lettre au duc de Chaulnes*, 12 août 1714. Œuv. VII, 387.

nous montre que nous suivons de près ceux qui nous précèdent; il essuie nos larmes de sa propre main. — Dieu veuille mettre au fond de votre cœur blessé sa consolation ! La plaie est horrible, mais la main du consolateur a une vertu toute puissante. Non, il n'y a que les sens et l'imagination qui aient perdu leur objet. Celui que nous ne pouvons plus voir est plus que jamais avec nous. Nous le trouvons sans cesse dans notre centre commun. Il nous y voit, il nous y procure les vrais secours. Il y connaît mieux que nous nos infirmités, lui qui n'a plus les siennes, et il demande les remèdes nécessaires pour notre guérison. Pour moi, qui étais privé de le voir depuis tant d'années, je lui parle, je lui ouvre mon cœur, je crois le trouver devant Dieu; et quoique je l'aie pleuré amèrement, je ne puis croire que je l'aie perdu. O qu'il y a de réalité dans cette société intime! (1) »

Malgré la sérénité qu'il s'efforçait de conserver, et dont il voulait donner l'exemple, la peine était bien forte, si forte que nous le voyons se demander si Dieu ne veut pas, par un dessein particulier, lui enlever tous les objets de son affection. A la suite d'épreuves répétées le cœur, même chez les plus fermes, a parfois (nous osons à peine, en parlant de Fénelon, hasarder ce mot) de ces superstitions; elles sont si bien de notre humaine nature. « J'ai senti, mon cher enfant, combien je vous aime, et c'est ce qui m'a le plus alarmé, car Dieu m'ôte les personnes que j'aime le plus. Il faut que

<hr>

(1) *Lettres* du 16 novembre et du 5 décembre 1714. Œuv. VII, 389, 390.

je les aime mal, puisque Dieu tourne sa miséricorde ou sa jalousie à m'en priver (1) ».

Le séjour qu'il fit en octobre à Chaulnes appor-
ta à ses tristesses une diversion trop courte. Rentré
à Cambrai, il se reprochait presque les satisfactions dont il venait de jouir. « Le mieux, dit un
proverbe italien, gâte ce qui est bon. Chaulnes a
gâté Cambrai. Je commence à m'ennuyer de ne
plus voir la bonne compagnie, de n'avoir plus ce
grand parc, et d'avoir perdu ces beaux jours. Je
m'en prends à Cambrai de ce froid noir et âpre.
Sérieusement je suis touché de la vie, peut-être
trop douce, que j'ai menée auprès de vous (2) ».

Les chagrins, plus encore que l'âge, avaient usé
Fénelon. « Je ne suis plus, écrit-il, qu'un squelette
qui marche et qui parle, mais qui dort et qui
mange peu. Mes occupations me surmontent, et je
ne me couche jamais sans laisser plusieurs de mes
devoirs en arrière. Un vaste diocèse est un acca-
blant fardeau à soixante-trois ans. J'ai beaucoup
trop d'affaires (3) ». Il ne se sentait plus assez de
force pour s'acquitter, comme il l'aurait voulu, des
fonctions de son ministère. Les visites pastorales
surtout le fatiguaient extrêmement. Il songea à
demander un coadjuteur. Il s'en ouvrit au Père Le
Tellier. « Ce serait un bien infini pour ce diocèse,
et un soulagement pour moi, dont j'ai un besoin
incroyable ; ce besoin croîtra tous les jours. — Mais
j'aimerais mieux quitter ma place et me laisser

(1) *Lettre au marquis de Fénelon*, 26 novembre 1714. Œuv. VII,
484.

(2) *Lettre au duc de Chaulnes*, 23 novembre 1714. Œuv. VII, 389.

(3) *Lettres spirituelles*, CXXVII, 1714. Œuv. VIII, 541.

donner un successeur, que de prendre un coadjuteur que je ne connaîtrais pas à fond, pour l'avoir
éprouvé à fond un temps considérable, en le faisant travailler avec moi. C'est une épreuve difficile
et qui renvoie un peu loin la conclusion (1) ».

Des informations qu'il avait prises secrètement,
et avec grand soin, furent toutes en faveur de
l'abbé de Tavannes, qui devint plus tard évêque de
Châlons, puis archevêque de Rouen et cardinal.
C'est lui qu'il aurait voulu avoir pour coadjuteur;
mais il n'eut point le temps de le proposer.

Un accident, auquel Fénelon n'échappa que par
une sorte de miracle, vint mettre ses jours en péril.
En passant sur un pont, sa voiture faillit être pré-
cipitée dans la Somme. « J'ai été, écrit-il au chevalier Destouches, dans le plus grand danger de
périr : je suis encore à comprendre comment je me
suis sauvé ; jamais on ne fut plus heureux en perdant
trois chevaux. Tous mes gens me criaient : *Tout
est perdu ; sauvez-vous!* Je ne les entendais point,
les glaces étaient levées. Je lisais un livre ayant mes
lunettes sur le nez, mon crayon en main, et mes
jambes dans un sac de peau d'ours ; tel à peu près
était Archimède, quand il périt à la prise de Syra-
cuse. La comparaison est vaine, mais l'accident
était affreux. Je vais être poltron sur les ponts,
auprès des moulins. Vous remarquerez, s'il vous
plait, que la roue du moulin qui touchait un des
bords du pont sans garde-fou, commença tout à
coup à tourner dans le moment où nous passions ;
un des chevaux du timon eut peur mal à propos,

____

(1) *Lettres à l'abbé de Beaumont*, 14 octobre et 26 novembre
(1) Œuv. VII, 483, 484.

et nous jeta du côté où il avait grand tort de se précipiter. En périssant il me sauva, car il arrêta le timon dans un trou du pont, qui empêcha ma chute (1) ».

Quelques heures après, comme l'un des aumôniers, l'abbé Galet, qui venait d'apprendre l'accident, lui en témoignait sa frayeur : « Bon, bon, dit Fénelon, à quoi est-ce que je sers dans ce monde ? Grand avertissement au reste de me tenir sur mes gardes, puisque j'ai pu mourir lorsque je m'y attendais le moins. » Il avait eu cependant l'esprit frappé ; « car dès lors, ajoute Galet, il regarda ce terrible évènement comme le présage d'une mort prochaine (2) ». Il n'avait plus en effet que quelques semaines à vivre.

A la Noël, il avait encore officié à la messe de minuit. Nul ne pouvait prévoir sa fin ; mais comme s'il la pressentait, dans une lettre du 28 décembre à Mme de Beauvilliers, il disait : « Nous retrouverons bientôt ce que nous n'avons point perdu. Nous nous en approchons tous les jours à gra. ds pas. Encore un peu, et il n'y aura plus de quoi pleurer. C'est nous qui mourons : ce que nous aimons vit et ne mourra plus (3) ».

(1) *Lettre* du 22 novembre 1714. Œuv, VIII, 258. Nous ne savons ni le lieu, ni la date de l'accident. L'abbé Galet, qui est certainement bien informé, dit simplement *sur la rivière de Somme*. Mais la Somme coule hors des limites du diocèse de Fénelon : dès lors ce ne serait pas au retour d'une visite pastorale que Fénelon aurait failli périr ainsi ; ne serait-ce pas plutôt en revenant de Chaulnes ? Quant à la date Galet dit simplement : *Trois mois environ avant sa mort.*

(2) *Principales vertus de Fénelon*, XII. Œuv. X, 153. Quelques uns des détails qui suivent sont empruntés à Galet.

(3) Œuv VII, 390.

Le mardi 1ᵉʳ janvier 1715, dans la soirée, il se sentit fort souffrant. C'était une inflammation de poitrine qui se déclarait, et qui lui donna une fièvre continue. Dès le premier moment il ne se fit aucune illusion sur son état. Il se prépara à la mort. « Je n'en réchapperai pas, dit-il à un ecclésiastique de sa maison ; je ne dois plus songer qu'à mourir ». Le jeudi 3, il voulut se confesser. Malgré les vives douleurs qu'il ressentait, pendant tout le cours de sa maladie il se faisait lire des passages de l'Écriture sainte les plus convenables à sa situation. Il aimait surtout d'entendre les endroits où saint Paul parle avec éloge des souffrances. Le vendredi 4, au matin, il demanda le saint viatique ; et comme on lui représentait que le danger n'était pas encore assez pressant : « Dans l'état où je suis, dit-il, je n'ai point d'affaire plus pressée (1) ».

Il se fit porter aussitôt, de la petite chambre qu'il occupait habituellement, dans sa grande chambre. Il désira que tous les membres de son chapitre pussent y entrer et être présents à cet acte de religion. Avant de recevoir le viatique, il adressa à tous les assistants quelques paroles d'édification.

Dans l'après-midi du samedi 5, l'abbé de Beaumont et le marquis de Fénelon arrivèrent de Paris en poste. Il eut une grande satisfaction de les revoir. Ils amenaient avec eux le célèbre Chirac. Après avoir conféré avec les médecins du pays qui avaient suivi et traité la maladie, Chirac prescrivit

---

(1) Nous extrayons ici divers passages d'une relation manuscrite de la mort de Fénelon, par son aumônier, relation donnée en grande partie par M. de Bausset.

une seconde saignée et de l'émétique. L'effet fut prompt : Fénelon parut d'abord soulagé, et on conçut même quelque espérance ; mais ce mieux fut très passager.

Ce même jour il avait fait venir un notaire. Dès l'année 1705, il avait écrit de sa propre main son testament : il n'y voulut rien changer ; seulement il fit ajouter un codicille, pour substituer l'abbé de Fénelon à l'abbé de Langeron, désigné d'abord pour être l'un des exécuteurs testamentaires.

Le 6, jour de l'Épiphanie, il reçut l'extrême-onction. Puis, après avoir fait sortir tout le monde de sa chambre, resté seul avec son secrétaire, il lui dicta une lettre pour le P. Le Tellier, la signa, et ordonna de la faire partir aussitôt qu'il aurait fermé les yeux. Voici cette lettre, où il veut exposer encore une fois ses véritables sentiments ; on y voit d'ailleurs combien jusqu'à sa dernière heure il se préoccupe des intérêts spirituels de son diocèse :

« Je viens de recevoir l'extrême-onction : c'est dans cet état, mon révérend Père, où je me prépare à aller paraître devant Dieu, que je vous supplie instamment de représenter au roi mes véritables sentiments. Je n'ai jamais eu que docilité pour l'Église, et qu'horreur des nouveautés qu'on m'a imputées. J'ai reçu la condamnation de mon livre avec la simplicité la plus absolue. Je n'ai jamais été un seul moment en ma vie sans avoir pour la personne du roi la plus vive reconnaissance et le zèle le plus ingénu, le plus profond respect et l'attachement le plus inviolable. Je prends la liberté de demander 'à Sa Majesté deux grâces, qui ne regardent ni ma personne ni aucun des miens. La première est qu'il ait la bonté de me donner un successeur pieux, régulier, bon, et ferme contre le Jansénisme, lequel est prodigieusement accrédité sur cette frontière. L'autre grâce est qu'il ait la bonté d'achever avec mon successeur ce qui n'a pu être achevé avec moi pour MM. de Saint-Sulpice. Je dois à Sa Majesté le secours que je reçois d'eux. On ne peut rien voir de plus apostolique et de plus vénérable. Si Sa Majesté veut bien faire entendre à mon successeur qu'il vaut mieux qu'il conclue avec ces Messieurs ce qui est déjà si avancé, la chose sera bientôt finie. Je souhaite à Sa Majesté une longue vie, dont l'Église aussi bien que l'État ont infiniment besoin. Si je puis aller voir Dieu, je lui demanderai souvent ces grâces. Vous savez, mon révérend Père, avec quelle vénération je suis, etc., (1) ».

Après cette lettre écrite, les souffrances ne le quittèrent presque plus jusqu'à sa dernière heure. « Je suis, disait-il, sur la croix avec Jésus-Christ, *Christo sum confixus* ». Il joignait ses prières à celles des assistants. A ce passage de l'Évangile de saint Luc : « O mon père, s'il est possible, que ce calice s'éloigne de moi », élevant, autant qu'il le pouvait une voix affaiblie : « Mais cependant, dit-il, que votre volonté, Seigneur, soit faite, et non la mienne ». On le voyait souvent joindre les mains et lever les yeux vers le ciel.

La nuit venue, comme il était visible que Fénelon touchait à ses derniers instants, autour de lui veillèrent tous les parents et les gens qui étaient à

____

(1) Œuv. VIII, 23?.

l'archevêché. L'un après l'autre ils vinrent lui présenter le crucifix à baiser, et s'agenouillèrent devant le mourant pour qu'il les bénît. Quelques personnes de la ville se présentèrent aussi. Puis ce fut le tour des domestiques, qui arrivèrent tous ensemble, fondant en larmes.

Ce fut l'abbé Voyer, supérieur du séminaire de Cambrai, qui assista plus particulièrement Fénelon cette dernière nuit. Il lui demanda sa bénédiction pour le séminaire et le diocèse. Ensuite il récita les prières des agonisants, en y mêlant des paroles courtes et touchantes, tirées de l'Écriture. A l'approche du matin, le malade ne donna plus aucun signe de connaissance ; il demeura dans cet état une demi-heure ; et à cinq heures un quart, le lundi 7 janvier, il expira doucement. Il avait soixante-trois ans et cinq mois (1).

Dès le lendemain 8, dans l'après-midi, l'inhumation eut lieu. Fénelon avait demandé, par son testament, d'être enterré dans l'église métropolitaine, et il ajoutait : « De la manière la plus simple, et avec le moins de dépense qu'il se pourra. Ce n'est point un discours modeste que je fasse ici pour la forme ; c'est que je crois que les fonds, qu'on pourrait consacrer à des funérailles

(1) Fénelon était né le 6 août 1651. — Saint-Simon, si souvent prévenu contre Fénelon, écrit à propos de cette mort : « Il parut insensible à tout ce qu'il quittait, et uniquement occupé de ce qu'il allait trouver, avec une tranquillité et une paix qui n'excluaient que le trouble, et qui embrassaient la pénitence, le détachement, le soin unique des choses spirituelles et de son diocèse, enfin une confiance qui ne faisait que surnager à l'humilité et à la crainte. » *Mémires* XI, 415-116.

même simples, doivent être réservés pour des usages plus utiles, et que la modestie des funérailles des évêques doit apprendre aux laïques à modérer les vaines dépenses qu'il font dans les leurs ».

La mort de Fénelon causa dans tout le diocèse une profonde affliction. Les regrets unanimes des populations tinrent lieu de l'oraison funèbre qui d'après l'usage devait être prononcée. Le plus grand de tous les prélats qui se sont assis sur le siège de Cambrai est le seul auquel ce suprême hommage n'ait pas été rendu ; ajoutons qu'il est celui dont la mémoire pouvait le mieux s'en passer. Il est à remarquer aussi que dans les discours, prononcés à la réception du successeur de Fénelon à l'Académie française, le *Télémaque* fut entièrement passé sous silence ; on aurait craint de déplaire au roi. Aussi combien est invraisemblable le mot qu'on a prêté à Louis XIV, lorsqu'il apprit la mort de l'archevêque : « Il nous manque bien au besoin ».

A Rome Fénelon fut bien regretté. Le cardinal Sacripante, au nom du Saint Père, écrivit à l'abbé Amas, prévot de la collégiale de Saint-Géry : «La triste nouvelle qu'il vous a plu de me donner, du passage à une meilleure vie de Monseigneur votre archevêque, a causé un très sensible déplaisir à Sa Sainteté, qui portait à ce prélat un amour de père pour les qualités sublimes de son esprit, pour la saine doctrine dont il était rempli. J'en ai également ressenti une douleur très particulière, à cause de la grande vertu que j'admirais dans un si grand prélat. La perte n'est pas seulement pour votre église, mais pour tout le monde catholique (1) ».

Fénelon mourait sans dettes et sans argent. Il n'avait pas cru qu'il lui fût permis de rien économiser sur ses grands revenus pour le laisser à ses héritiers. « Quoique j'aime tendrement ma famille, et que je n'oublie pas le mauvais état de ses affaires, les biens ecclésiastiques ne sont pas destinés aux besoins des familles (2) ».

Un monument avait été élevé à Fénelon en 1721, sur le caveau qui renfermait ses restes. A la Révolution ce monument fut détruit. On retira le cercueil pour en prendre le plomb, qui fut envoyé à l'arsenal de Douai. Mais la profanation n'alla pas plus loin, et les ossements de Fénelon furent remis dans le caveau. Après la démolition de l'église métropolitaine, ils furent recueillis en 1804, et portés dans la chapelle de Sainte-Agnès ; puis le 29 octobre 1822, solennellement tranférés dans l'église du Saint-Sépulcre, devenue cathédrale. Enfin un nouveau tombeau, dont l'exécution fut confiée au sculpteur David d'Angers, fut érigé en 1826. Fénelon est représenté à demi couché, près de mourir, disant adieu au monde ; et sous la statue trois bas-reliefs, qui nous montrent Fénelon, instruisant le duc de Bourgogne, ramenant la vache d'un paysan, soignant des blessés. Les révolutions, nous l'espérons, ne toucheront pas à ce monument ; mais dût ce marbre disparaître un jour,

(1) *Lettre* du 5 février 1715. Œuv. VIII, 284.
(2) *Testament, VII.* Œuv. X, 136.

Fénelon, grâce à ses écrits et à ses vertus, laissera un impérissable. souvenir.

FIN

TABLE DES MATIÈRES

DU DEUXIÈME VOLUME

Pages

CHAPITRE XI

La famille et les amis de Fénelon

CHAPITRE XII.

Les amis de Fénelon (suite)

CHAPITRE XIII.

1699-1707

CHAPITRE XIV.

1708-1711

CHAPITRE XV.

1712-1725

www.ingramcontent.com/pod-product-compliance
Ingram Content Group UK Ltd.
Pitfield, Milton Keynes, MK11 3LW, UK
UKHW021635170726
13836UKWH00005B/2208